클린

こころを洗う技術

草薙龍瞬 著

SBクリエイティブ株式会社 刊

2019

KOKORO WO ARAU GIJYUTSU

by Ryushun Kusanagi

Original Japanese edition published by SB Creative Corp., Tokyo.

CLEAN

나쁜 감정은 씻어내고 좋은 감정을 채우는 마음 혁명

클린

구사나기 류슌 지음 · 류두진 옮김

비즈니스북스

클린

1판 1쇄 발행　2021년 4월 13일
1판 7쇄 발행　2025년 1월 16일

지은이 | 구사나기 류슌
옮긴이 | 류두진
발행인 | 홍영태
편집인 | 김미란
발행처 | (주)비즈니스북스
등　록 | 제2000-000225호(2000년 2월 28일)
주　소 | 03991 서울시 마포구 월드컵북로6길 3 이노베이스빌딩 7층
전　화 | (02)338-9449
팩　스 | (02)338-6543
대표메일 | bb@businessbooks.co.kr
홈페이지 | http://www.businessbooks.co.kr
블로그 | http://blog.naver.com/biz_books
페이스북 | thebizbooks
인스타그램 | bizbooks_kr
ISBN 979-11-6254-206-4　03190

비즈니스북스는 독자 여러분의 소중한 아이디어와 원고 투고를 기다리고 있습니다.
원고가 있으신 분은 ms1@businessbooks.co.kr로 간단한 개요와 취지, 연락처 등을 보내 주세요.

마음이라는 배에서 물을 퍼내라.
그러면 배는 경쾌하게 나아갈 것이다.

도를 따르는 자에 관하여,《**법구경**》法句經

마음도 몸처럼
주기적으로 디톡스가 필요하다

'인생이 내 생각대로 흘러가면 정말 좋겠다.'

살다 보면 우리는 한 번쯤 이런 생각에 빠지곤 합니다. 여러분만 그런 것이 아닙니다. 의외로 많은 사람들이 이런 생각을 하며 산다는 사실을 아시나요?

'좀 더 즐거운 기분으로 하루하루를 보내고 싶다.'

'다시 그때로 돌아가 좀 더 잘해봤으면.'

'앞으로는 그 사람과 관계를 더 좋게 만들고 싶은데.'

'지금보다 더 잘돼서 고생스럽지 않게 살아봤으면.'

좀 더, 다시, 앞으로는, 지금보다⋯⋯. 이처럼 머릿속을 떠나지 않는 결핍감, 단순한 바람을 넘어선 '마음의 갈증' 같은 것을 누구나 경험해본 적이 있을 것입니다.

이런 생각은 말하자면 '마음의 얼룩'과 같습니다. 마음 한구석이 답답하고 개운하지 않지요. 우리가 잘 깨닫지 못하고 넘어가곤 하지만 매일매일의 업무와 생활 속에서 우리의 마음은 이미 꽤 얼룩져 있습니다.

만약 다음과 같은 상태에 놓여 있다면 마음이 얼룩져 있는 것입니다.

- 스트레스가 해소되지 않아 늘 초조함을 느낀다. 쓸데없는 생각들로 마음이 어수선하다.
- 과거에 대한 미련과 후회를 아직도 품고 있다. 돌덩이를 떠안고 사는 느낌이다.
- 타인의 행동에 늘 신경을 쓴다. 누군가 옆에 있으면 긴장한다. 남들에게 잘 휘둘린다.
- 실수하면 동요한다. 자신감이 없고 스스로가 나약하게 느껴진다.

- 똑같은 실수를 되풀이하며 괴로워한다. 앞으로 나아가고 싶지만 늘 제자리다.

여러분도 이 같은 고민이 한두 개쯤은 있을 테지요. 이런 감정들은 모두 내버려뒀을 때 점점 쌓이는 마음의 얼룩입니다. 이 얼룩을 얼마나 잘 처리하느냐에 따라 인생은 크게 달라집니다.

몸에 얼룩이 묻으면 물로 씻어내지요. 그렇다면 마음의 얼룩은 어떻게 해야 할까요? 역시 씻어내면 됩니다. 바로 '마음을 씻는 기술'로 말입니다.

'마음을 씻는다'는 표현이 약간 생소할 수 있는데, 불교 세계에서는 예로부터 생활의 기본으로서 중요하게 여겨온 개념 중 하나입니다. **마음을 울적하고 무겁게 하는 얼룩을 깨끗이 씻어내는 것. 일체의 결핍감으로부터 마음을 해방하는 것. 하루하루가 상쾌해 '모든 일이 원하는 대로 흘러간다'라고 생각될 만큼 마음이 가벼워지는 것을 의미하지요.**

그런 마음의 경지가 있습니다. 그렇게 완전히 후련해진 마음의 경지, 말하자면 '깨끗한 마음'에 가까워지도록 붓다의 가르침을 실천하고 더욱 쾌적한 하루하루를 보내자는 것이 이 책의 목적입니다.

이 책에서는 마음을 씻는 기술을 다섯 가지 키워드로 정리했습니다.

제1장 멈추기: 쓸데없는 마음의 움직임을 멈춘다. 부정적인 반응을 줄이고 마음의 침착함을 되돌린다.

제2장 닦아내기: 스트레스, 부정적인 과거에 대한 생각, 머릿속에 떠다니는 잡념(응어리)을 말끔하게 닦아낸다.

제3장 선 긋기: 타인의 일이나 바깥 세계의 문제를 쓸데없이 좇지 않는다. 나답게 살아간다.

제4장 다시 세우기: 실수해도 동요하지 않는다. 후회와 미련 등 '과거'에 속박당한 마음을 다시 한 번 자유롭게 만든다.

제5장 뛰어넘기: 오랫동안 되풀이해온 괴로움의 '원인'을 밝혀내고 효과적인 방법으로 이를 극복해 나간다.

'그래, 이건 내 인생에 꼭 필요한 일이야!'라는 생각이 들지 않나요? 이 다섯 가지를 제대로 실천에 옮기기만 해도 인생에서 마주하게 될 괴로움의 대부분을 해결할 수 있습니다. 왜냐하면 이 기술들은 붓다의 지혜에 기반하고 있기 때문입니다. 붓다란 깨끗한 마음의 경지에 도달한 '깨달은 자'를 의미합니다. 붓다의 가르침은 첫째, 마음의 얼룩을 씻어내는 방법과 둘째, 어떤 문제든 확실히 해결하는 올바른 사고법으로 이루어져 있습니다.

2,500년 전 인도에서 붓다가 설파한 이 방법은 종교라기보다 '합리적인 마음 사용법'에 더 가까운 것이었습니다. 요즘 시대에도 명상과 심리학을 비롯해 마음을 다루는 다양한 분야가 있는데, 그 원류에는 붓다의 방법론이 있습니다.

붓다의 방법을 현대의 삶에도 적용할 수 있도록 마음을 씻는 기술로 체계화한 것이 바로 이 책입니다. 특히 이 책의 최대 장점은 붓다의 가르침에 담긴 본질을 시각적인 도표를 통해 풍부하게 해설했다는 점이지요. 글만으로는 잘 이해되지 않던 부분도 그림을 보면 '이런 것이었구나' 하고 직관적으로 알 수 있으리라 생각합니다.

일상에서 우리의 마음은 자주 소란스럽고 괴로움으로 가득차버립니다. 업무 성향이 맞지 않는 사람과의 마찰, 후회스러운 과거, 불안한 인간관계, 어떻게 해야 할지 앞이 캄캄해지는 상황 등 원인은 다양합니다. 그렇다면 적어도 마음을 씻는 기술을 터득해 현실의 괴로움에서 벗어나는 삶을 만들어보면 어떨까요? '마음만큼은 깨끗한 채로 살아가자!' 바로 이런 결의 말입니다.

생각대로 이루어지는 쾌적한 인생은 깨끗한 마음으로부터 시작됩니다.

　말끔하고 상쾌하게, 그저 매일을 살아가는 것만으로도 자연스럽게 기쁨이 솟아나는 새로운 삶을 살아가봅시다.

　그럼 지금부터 시작합니다.

구사나기 류슌

차
례

시작하며 마음도 몸처럼 주기적으로 디톡스가 필요하다　　　• 6

제1장

쓸데없는 마음의
흔들림을 멈추고

생각대로 흘러가는 인생은 깨끗한 마음에서부터　　　• 20

지금 이 순간에 집중하면 마음의 흔들림은 멈춘다　　　• 31

모든 괴로움은 세 가지 반응에서 시작된다　　　• 36

마음을 들여다보면 괴로움이 멈춘다　　　• 53

제2장

마음의 얼룩을
깨끗이 닦아내면서

반응하지 말고 있는 그대로를 이해한다 • 62

몸의 감각에 집중하면 쓸데없는 반응이 사라진다 • 69

마음을 어지럽히는 집착과 잡념 버리기 • 77

제3장

온전한 나의 영역에
머무르는 동안

마음의 안과 밖 사이에 확실한 선을 긋는다 • 96

관계의 기준을 세워 자신을 지킨다 • 110

제4장

무너진 마음을 다시
바로 세우게 되고

지나간 일에 후회하지 않는다 • 124

이루지 못한 것에 미련두지 않는다 • 129

실패에 주저앉지 않고 다시 일어서는 방법 • 139

타인을 대할 때는 판단이 아니라 이해가 먼저다 • 144

제5장

모든 일이
원하는 대로 흘러간다

보이지 않는 '마음의 중력'을 뛰어넘는 법 • 170

업을 부르는 마음 버릇과 이별하라 • 178

'부모의 업'이 '나의 업'이 되지 않게 • 184

세상의 '독'에 물들지 않는다 • 193

삶의 방식을 새로 쓰는 마음 사용법 • 198

평정심을 삶의 기본으로 삼는다 • 202

지혜가 열린 마음에는 괴로움이 생기지 않는다 • 206

괴로움을 뛰어넘어 깨끗한 마음에 이르는 길 • 212

인생의 완성은 '지금'의 행복에 있다 • 220

마음을 씻어내는 길 위에 선 당신에게 • 222

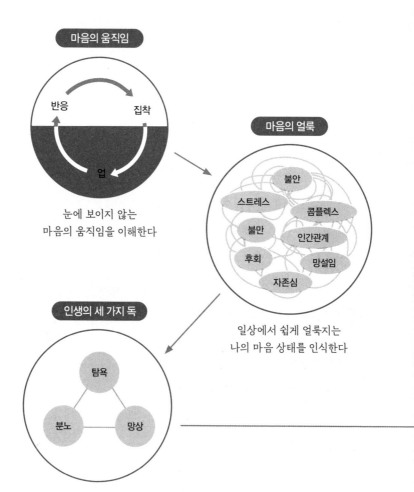

마음의 움직임

반응 → 집착 → 업

눈에 보이지 않는
마음의 움직임을 이해한다

마음의 얼룩

불안
스트레스 콤플렉스
불만 인간관계
후회 망설임
자존심

일상에서 쉽게 얼룩지는
나의 마음 상태를 인식한다

인생의 세 가지 독

탐욕
분노 망상

괴로움을 불러오는 마음의 얼룩을
크게 세 가지로 분류한다

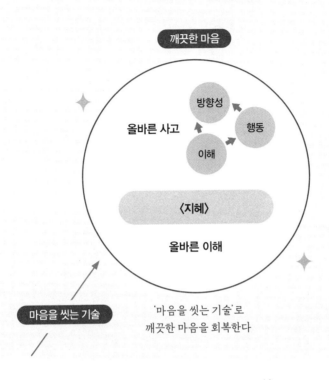

'마음을 씻는 기술'로
깨끗한 마음을 회복한다

	순서	기술
제1장	멈추기	라벨링(말로 자각하기)
제2장	닦아내기	사티(깨달음)
제3장	선 긋기	'자신의 영역' 인식하기
제4장	다시 세우기	올바른 사고하기
제5장	뛰어넘기	지혜로 해결하기

일상 속에서 마음은 이리저리 흔들리고,
얼룩지고, 무거워집니다.
그러니 마음을 '멈추는' 기술을 익혀봅시다.

쓸데없는 마음의
흔들림을 멈추고

생각대로 흘러가는 인생은 깨끗한 마음에서부터

사람은 누구나 생각대로 인생이 흘러가기를 바랍니다. 그러나 현실은 생각대로 풀리는 법이 없지요. 가장 큰 이유는 무엇일까요?

첫째, 이미 마음이 얼룩져 있기 때문입니다. 조바심, 초조함, 불안, 과거에 대한 미련과 후회, 열등감, 머릿속에 어른거리는 잡념 같은 것을 떠안고 있는 것이지요. 두 번째 이유는 도대체 어떻게 해야 이런 마음의 얼룩을 씻어낼 수 있는지 모르기 때문입니다. 세 번째는 앞으로 자신의 인생을 어떻게 살아가야 할지 확신이 없고 답을 찾지 못하고 있어서입니다.

이 모든 것을 한마디로 정리하면 뭐라고 말할 수 있을까요? 바로 **'마음이 깨끗하지 않아서'입니다.**

그 말인즉슨 이제부터 이 하나하나에 대한 답을 찾아내어 마음을 깨끗하게 만드는 것, 그렇게 해서 '생각대로 흘러가는 인생'에 다가가는 것이야말로 우리의 과제라는 뜻이 됩니다. 그 순서를 정리하면 다음과 같습니다.

① '쓸데없는 마음의 움직임'을 일단 멈춘다.

② 이미 생겨나 있는 '마음의 얼룩'을 씻어낸다.

③ 씻어낸 마음 위에 '올바른 사고'를 올려둔다.

이 세 가지 순서를 밟는다면 깨끗한 마음으로 되돌릴 수 있습니다. 얼룩이 없는 마음, 괴로움을 떠안지 않는 그런 마음을 갖게 된다면 분명 가뿐하고 자유로운 인생이 시작될 것입니다.

첫 번째와 두 번째에 대한 구체적인 방법은 잠시 뒤에 설명하도록 하겠습니다. 여기서 보충해두고 싶은 내용은 세 번째 '올바른 사고를 올려둔다' 부분입니다. 이는 아무 의미도 없이 이런저런 생각을 하자는 뜻이 아닙니다. 확실한 정답을 내는 데 도움이 될 '올바른 사고', 즉 목적에 따라 절차를 세워 생각하는 것을 뜻합니다(자세한 내용은 책 후반부에서 다룹니다). 특히 '무엇으로 내 인생을 긍정해야 하는가?'라는 커다란 인생의 가치관에 대해 생각해봐야 합니다. 이에 대한 답을 내지 못한다면 마음이 깨끗해질 수 없습니다.

지금부터 '마음 바꾸기 연습'을 시작해봅시다. 얼룩져 있어 제대로 사용하지 못했던 마음을 내가 원하는 대로 사용할 수 있도록 완전히 새롭게 만들어보자는 뜻입니다.

그런 일이 과연 가능하겠느냐고 생각할 수도 있을 테지요. 하지만 붓다의 지혜를 빌리면 누구나 가능합니다. 이 책을 읽어 나가다 보면 '마음을 씻는 일이 정말 가능하구나'라고 깨닫게 될 것입니다. 동시에 이제까지 답을 찾지 못했던 인생의 문제에 대한 해답도 발견하게 됩니다. 이를 위한 여정을 함께 걸어가 봅시다.

마음이 흔들리는 이유를 이해한다

먼저 '쓸데없는 마음의 움직임을 멈추는' 방법부터 시작해봅시다.

마음의 흔들림을 멈추지 못하는 이유는 자신의 마음을 제대로 보지 못하고 있기 때문입니다. 자기 안에서 어떤 일이 일어나고 있는지 이해하는 방법을 알지 못하기 때문입니다. 그렇게 멍하니 바깥을 바라보는 사이에 마음이 움직여 마음의 얼룩을 만들어내고 맙니다. 분노, 걱정, 압박감, 후회, 콤플렉스와 같은 모든 '편치 않은 생각'들이 쓸데없는 마음의 움직임이 만들어낸 마음의 얼룩입니다.

이것들을 멈추려면 **마음은 도대체 어떻게 움직이는지 즉, 어느 시점에 쓸데없는 마음이 생겨나고, 그 마음이 어떤 과정을 거쳐 어떻게 이어지는지 파악할 필요가 있습니다.** 이렇게 할 수 있다면 쓸데없는 마음의 움직임, 나아가 마음의 얼룩을 쉽게 깨달을 수 있습니다. 깨달을 수 있다면 멈추는 것도 가능해집니다.

일찍이 인도의 현자 붓다는 사람의 마음을 불꽃에 비유했습니다.

모든 것은 불타고 있다.

마음은 보는 것에 반응해 불타고, 소리에 반응해 불타고,

냄새, 맛, 접하는 모든 것에 반응해 불타고 있다.

탐욕과 분노와 망상이라는 불꽃을 내며 불타고 있다.

온갖 고뇌의 불이 활활 타오르고 있다.

_타오르는 불의 가르침, 《잡아함경》雜阿含經

붓다가 말하는 '타오르는 불'이란 자극을 접해 반응하는 마음의 모습을 비유한 것입니다.

자극에는 눈이나 귀로 들어오는 외부 자극과 마음에 떠오르는 생각인 내부 자극이 있습니다. 그런 자극에 일단 반응하면 마음은 다른 자극에도 반응하기 시작합니다. 어떤 일에 분노가 일어나기 시작하면 다른 일에도 분노로 반응하게 되는 것처럼요. 전혀 관련 없는 다른 일에도 화를 내거나, 누군가를 탓하기 위한 논리를 만들어내기 시작합니다. 끊임없이 과거를 돌이켜보며 후회하거나 기분 전환을 위한 쾌락을 추구하는 경우도 있습니다.

이것들은 모두 최초의 반응이 만들어낸, '쓸데없고 지나친 반응'입니다. 한번 타오르기 시작한 마음은 불이 번져가듯 다른 재료를 찾아내 또 새로운 불을 피웁니다. 결과적으로 마음은 항상 타오르게 되지요. 그 불꽃이 괴로움이 된다고 붓다는 말하는 것입니다.

마음의 불꽃을 잠재우는 법

─────

이 붓다의 비유를 '괴로움이 만들어내는 마음의 과정'으로 체계화해봅시다. 인간의 마음은 다음의 5단계를 거쳐 괴로움에 도달합니다. 여기서 말하는 괴로움이란 본인이 자각할 수 있을 정도의 깊은 고뇌뿐만 아니라 막연히 기분이 답답하거나 침착하지 못한 심리 상태도 포함합니다.

① '의식'이라는 에너지가 생긴다.

② 외부의 자극을 접한다.

③ 반응한다.

④ 결생結生한다.(외부 자극에 마음이 강하게 반응해 충동이나 욕구가 솟아나는 상황—옮긴이)

⑤ 집착한다.

①~⑤에 나온 표현은 모두 핵심 키워드이니 꼭 기억해둡시다. 먼저 ①의 '의식'이 출발점입니다. 이는 마음에 흘러넘치는 에너지와 같은 것으로 사람이 죽을 때까지 멈추지 않습니다. 의식이라는 에너지는 늘 뭔가를 바랍니다. 하지만 항상 만족을 얻을 수는 없으며, 설령 만족을 얻더라도 오래 지속되지 않습니다. 때문에 의식이라는 에너지에 사로잡힌 사람의 마음은 항상 갈증을 느낍니다. 불교에서는 이처럼 실제로 목마른 의식 상태를

가리켜 '갈애'渴愛(물을 찾듯 끊임없이 원하고 집착하는 마음—옮긴이)라고 부릅니다.

한편 의식은 평소 활동의 전반적인 에너지원이기도 합니다. 능숙하게 잘 사용하면 살아가는 의욕이나 동기부여가 되는 것이지요. 그러니 '의식을 어떻게 잘 사용할지'가 관건이라고 할 수 있습니다.

의식이 자극을 접하면(②) 거의 동시에 반응(③)이 생겨납니다. 자극을 접하지 않으면 반응할 일이 없고 괴로움도 생기지 않습니다. 그러므로 분노나 잡념을 만들어내는 불필요한 자극(인터넷이나 인간 등 여러 가지)은 되도록 가까이하지 않는 편이 좋습니다. 그럼에도 불구하고 사람은 멈추지 않는 의식의 기세에 휩쓸려 무심코 자극을 바라고 맙니다. 그러면 즉시 마음에 쓸데없는 움직임이 생겨납니다. 이런 흐름을 멈추기 위해 **의식이라는 에너지를 '가치 있는 것에 사용하는' 습관을 익힐 필요가 있습니다.**

대부분의 사람들이 자극을 접하면 반응하고 즉각 '결생'(④)해서 '집착'(⑤)이라는 마음 상태에 이르곤 합니다. 쉽게 설명하자면 반응함으로써 감정이 생겨나 기억에 새겨지고(결생), 그것이 고집과 응어리로 느껴지는 것(집착)을 뜻합니다. 일상의 스트레스나 불쾌했던 과거의 기억, 불안, 우울과 같은 마음 상태는 이

결생과 집착 단계에서 비롯되고 '마음의 얼룩'이 이 단계에서 생겨나게 됩니다.

의식으로 시작해 집착에 이르는 마음의 움직임은 거의 한순간에 일어납니다. 깨달았을 때는 이미 화를 내고 있고, 과거에 끌려다니고 있고, 쓸데없는 것을 생각하고 있습니다. 이미 얼룩져버린 상태이지요. 그리고 한참이 지나서야 '요즘 초조한 것 같아', '가슴이 답답해', '괴로워'라고 실감하기 시작합니다. 사람은 이때가 되어서야 겨우 괴로움을 자각합니다.

붓다식으로 표현하자면 마음이 '불꽃을 내며 활활 타오르고 있는' 단계입니다. 아마 붓다라면 여러분에게 빨리 깨달으라고 말했을 것입니다.

깨끗한 마음으로 인생의 방향키 잡기

여러분의 마음은 잘 정돈되어 있습니까? 상쾌한 마음으로 가치 있는 일만을 생각해 앞을 향해 나아가는, 양질의 마음 상태에 있습니까? 솔직히 '그렇지 않다'라고 대답하는 사람이 더 많을 거라 생각합니다. 많은 사람들이 이런 삶, 그러니까 '깨달았을 때는 이미 불타오르고 있는 삶'밖에 모르고 살기도 합니다. 그러다 보니 타오르는 불뿐만 아니라 그로 인한 그을음과 재까지 마음에 가득 쌓아놓고 삽니다.

만약 방 안이 그을음으로 가득하다면 아무리 좋은 집에 살아도 즐겁지 않겠지요. 재투성이가 되어 공기도 쾌적하지 않을 테고, 얼룩진 창으로는 바깥 경치도 깨끗하게 보이지 않을 것입니다. 사람의 마음도 마찬가지입니다. 쓸데없는 자극에 선동되어 무방비로 반응하고 어느샌가 집착해 마음이 쓸데없는 감정과 사고로 가득 찬다면, 쾌적하게 살 수 있을 리 없습니다. 그런 얼룩진 마음으로는 기나긴 인생을 살아간들 성과도, 행복도, 깨달음도 얻을 리 없습니다. 그렇게 생각하지 않으시나요?

그렇다면 이쯤에서 인생의 방향 전환을 도모해봅시다. 계속 타오르는 마음에서 차분한 마음으로, 얼룩져 있는 마음에서 투명한 마음으로 말입니다. 쓸데없는 자극을 좇지 않고, 자극을 접해도 반응하지 않고, 반응하더라도 집착을 남기지 않는 것. 되도록 마음을 더럽히지 않고 진정 가치 있는 일과 소중한 일에만 마음(의식)을 사용하는 쪽으로요.

말하자면 인생을 더욱 소중하게 살아가는 것입니다. 상쾌함과 삶을 긍정하는 기분으로 시간을 보내는 것이며 그런 삶으로 방향키를 크게 꺾겠다고 결심하는 것입니다. **이런 인생의 방향 전환을 상징하는 표현이 바로 '깨끗한 마음'입니다.**

깨끗한 마음이라고 하면 조금 생소한 표현일 수도 있는데, 불교 세계에서는 예로부터 이를 '청정심'淸淨心이라고 부르며 중시해왔습니다. 괴로움이 없는 마음, 매사를 잘 통찰하는 마음. 그런 마음을 지향해 매일 여러 가지 방법으로 단련하는 것을 '세심'洗心이라고 부르며 '일일시수행日日是修行(하루하루가 수행이다)한다'고 말해왔습니다.

돌이켜보면 '이대로 괜찮을까?'라고 자문한 적은 많아도 '이걸로 됐어'라고 생각한 적은 별로 없지 않나요? 사람들 대부분은 어느샌가 자문하는 일조차 포기하고, 아무 일 없는 척하며 하루하루 쫓기는 심정으로 살아갑니다. 어딘가 '깨끗하지 않은' 것입니다.

그런데 앞에서 설명했듯이 마음이 움직이는 과정을 돌이켜보면 일상의 괴로움을 줄이고, 멈출 수 있다는 점이 보이게 됩니다. 만약 자극을 접하지 않으면, 자극에 반응하지 않으며, 집착을 씻어낼 수 있으면 그것만으로도 마음은 상당히 가볍고 상쾌해집니다.

여기에 붓다의 지혜에서 비롯한 올바른 사고, 즉 목적에 따른

합리적인 사고법을 익힐 수 있다면 과거에 답을 내지 못했던 괴로움에도 답을 낼 수 있게 될 것입니다. 그러면 '이래도 괜찮을까?' 하는 불안도 '그래, 나는 이렇게 살아갈 거야'라는 확신으로 바꿀 수 있을지 모릅니다. **마음이 깨끗해지고 인생 자체가 상쾌하고 확 트인 하늘처럼 달라질 가능성이 있다는 뜻입니다.**

깨끗한 마음이 새로운 인생의 방향(목표)이라고 한다면, 거기에 이르는 길을 나타낸 표현이 바로 '마음을 씻는 기술'입니다. 앞으로 설명할 이 다양한 기술을 따른다면 마음이 선명해질 뿐만 아니라 앞으로 인생에서 직면하게 될 여러 가지 문제에도 자기 힘으로 답을 낼 수 있게 됩니다.

모든 문제의 답은 붓다의 가르침 속에 있습니다. 이제 구체적으로 따라가 봅시다.

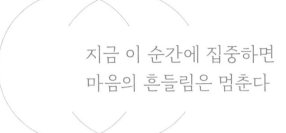

지금 이 순간에 집중하면
마음의 흔들림은 멈춘다

앞에서 이야기했듯이 마음을 깨끗하게 하려면 마음을 더럽히고 불필요한 괴로움을 만들어내는 '마음의 움직임'을 멈추어야 합니다. 그리고 이를 위한 첫 작업이 바로 '깨닫는' 것입니다. 붓다는 이렇게 말했습니다.

쓸데없는 생각에 뒤덮인 마음 상태를 깨달아라.

그리고 자각하라.

이렇게 얼룩진 마음으로는 올바른 이해가 불가능하다는 것을.

이대로는 언제까지나 괴로움의 연쇄가 멈추지 않으리라는 것을.

_젊은 수행자에게 주는 훈계, 《중아함경》中阿含經

'마음이 얼룩져 있다'는 사실을 먼저 깨달으라는 뜻입니다. 먼저 이해할 수 있어야 쓸데없는 마음의 움직임을 멈출 가능성도 생기기 때문입니다. 깨달음이 없는 상태로는 '올바른 이해'를 얻지 못하고 고생만 계속될 것이라는 아주 명쾌한 메시지입니다.

여기서 나오는 올바른 이해는 붓다가 가장 가치를 둔 마음의 능력입니다. 앞서 언급했던 마음이 움직이는 과정 역시 올바른 이해 중 하나지요. 이 이해가 기반으로 잡혀 있어야 '애초에 자극 자체를 멀리한다', '반응하지 않는다', '결생하고 말았구나', '집착이 남아 있어 좋은 정신 상태가 아니다'라는 식으로 주의할 수 있게 됩니다.

라벨링으로 객관적인 상태를 확인한다

그러면 어떻게 해야 마음의 상태를 잘 이해할 수 있을까요? 이에 대한 방법론을 이야기해봅시다. 이때 가장 먼저 등장하는 개

넘이 바로 '라벨링'labeling 입니다. **라벨링이란 단어를 사용해 객관적으로 지금 자신이 하고 있는 일과 지금 하려는 일을 확인하는 것입니다.** 예를 들면 이렇습니다.

- 걷고 있을 때는 '나는 지금 걷고 있다'고 의식한다.
- 지하철을 기다리며 '역에 서서 지하철을 기다리고 있다'고 자각한다.
- 컴퓨터로 일을 시작할 때는 '일을 시작한다'고 확인한다.

이렇게 자신의 행동을 객관적으로 이해하는 것입니다. 라벨에 이름을 적어 착 붙인다는 느낌으로 외부인이 되어 자신의 모습을 확인해봅시다.

이상적인 라벨링 방법은 '하기 전에' 확인하고, '한창 하고 있을 때' 확인하고, '하고 나서' 확인하는 것입니다. 예를 들면 '지금부터 옷을 입는다', '손을 뻗는다, 뻗고 있다', '오른팔을 넣는다, 넣었다. 왼팔을 넣는다, 넣었다' 같은 식입니다. 바깥을 걸을 때는 '지금부터 걷는다', '걷고 있다. 오른발, 왼발, 오른발', '신호를 본다, 멈춘다, 서 있다, 기다리고 있다' 같은 식으로 합니다.

자신이 무엇을 하려고 하는지, 지금 무엇을 하고 있는지, 무엇을 했는지 제대로 자각하는 것이 이해의 시작입니다.

하루 5분, 마음 멈춰보기

라벨링에 익숙해졌다면 시험 삼아 5분 동안만 '나는 ○○ 하고 있다'는 '사실 확인'을 중간에 끊지 말고 연속해서 해보길 바랍니다. 방 정리나 식사 준비 등 몸을 사용하는 단순 작업부터 도전해봅니다. 방 정리라면 '잡는다', '옮긴다', '놓는다' 정도의 단순한 라벨링이라도 상관없습니다. 다만 침묵하지 말아야 합니다. '사실 확인'이라는 이 마음 상태를 계속 유지해주세요.

제대로 했다면 상당히 피곤해질 텐데 이는 매우 당연한 일입니다. '사실 확인'에는 적지 않은 주의력이 필요하기 때문이지요. 대부분의 사람들이 어느샌가 확인에서 떨어져 침묵하고 맙니다. 즉, 쓸데없는 생각에 빠져들게 되는 것입니다.

5분이라는 극히 짧은 시간인데도 단순한 사실조차 계속 확인하지 못합니다. 그렇다는 말은 평소 그만큼 쓸데없는 생각에 잘 빠지고 주의력이 산만해져 있다는 뜻입니다. 그저 멍하니 있을 뿐 '지금'을 살지 못하는 것이죠. 그런 선명하지 않은 마음 상태가 과거에 집착하거나 자신을 탓하고 침울해지는 마음의 얼룩을 한층 더 키우게 됩니다.

그러니 하루에 몇 번쯤은 진지하게 '라벨링 모드'에 도전해봅시다. 사실 중요한 일을 처리할 때 외에는 항상 말로 확인하는 모습이 이상적입니다. 모든 단어를 꼭 소리 내어 말할 필요는 없습니다. 그저 머릿속에서 '지금 이것을 하고 있다', '이것을 했다, 다음에 할 것은……'이라고 계속 확인해주세요.

자각하는 것, 즉 자신의 객관적 상황을 이해하는 것이야말로 마음을 씻는 최고의 기술입니다.

점차 머리가 맑아지고, 마음이 선명해졌다는 느낌이 들게 될 겁니다. 상쾌한 일이지요.

모든 괴로움은
세 가지 반응에서 시작된다

그렇다면 이번에는 라벨링을 바깥이 아닌 안쪽, 즉 자신의 마음
에 적용해봅시다. 마음의 움직임을 객관적으로 살펴봄으로써 차
분해질 수 있고 이제부터 무엇을 하면 되는지를 생각하는 마음
의 여유가 생겨납니다.

먼저 다음 세 가지 단어로 마음 상태를 확인해보도록 합니다.

- 탐욕: 욕구 과잉인 상태. '자신이 너무 많은 것을 바라고 있다'고
  확인한다.

- 분노: 불쾌를 느끼는 상태. '화가 치솟고 있다'고 자각한다.
- 망상: 머릿속에 단어, 소리, 영상이 떠도는 상태. '망상하고 있다'고 이해한다.

이 세 가지를 꼽은 데는 아주 중요한 이유가 있습니다. 왜냐하면 마음에 떠오르는 여러 가지 생각을 반응의 종류로 분류하면 거의 대부분이 이 세 가지로 수렴되기 때문입니다. 아무리 복잡하게 생각되는 괴로움이라도, 결과적으로 만들어내는 반응은 이 세 가지입니다.

불교에서는 이것들을 괴로움을 동반하는 3대 반응이라고 하여 '번뇌' 혹은 '삼독'三毒이라고 표현합니다. 마치 800만 화소의 TV 화면도 기본적으로 빛의 삼원색인 빨강, 초록, 파랑으로 만들어진 것과 비슷하지요. 만약 TV에서 삼원색 중 하나가 사라지면 화면의 색감이 달라질 겁니다. 삼원색이 전부 사라지면 화면은 꺼지고 맙니다.

마음에도 이와 비슷한 면이 있어서 탐욕, 분노, 망상을 하나씩 지워 가다 보면 지금 떠안고 있는 고뇌는 줄어들고, 단순해지며, 이윽고 해소됩니다. 명상이나 좌선, 마인드풀니스mindfulness(마음 챙김)라고 부르는 것들이 모두 이런 반응들을 줄여나가는 훈련

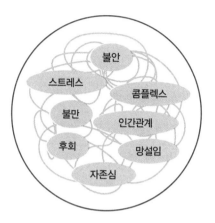

복잡해 보이는 고민도

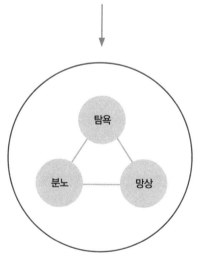

세 가지 반응(삼독)으로 분류할 수 있다

입니다. 세 가지 반응이 사라진 마음을 불교에서는 '정적'靜寂 혹은 '청정심', 즉 깨끗한 마음이라고 부릅니다.

앞으로 괴로움을 떠안게 된다면 너무 깊게 생각하지도 그에 맞서지도 말고 먼저 이 세 가지 반응을 '줄여 보자'고 생각하세요. 이렇게만 해도 사라지는 괴로움이 있습니다. 마음이 정리되고 답을 찾아야 하는 진정한 문제가 떠오르게 됩니다.

반응을 줄이는 방법이 바로 라벨링입니다. **'이건 탐욕이다', '이건 분노다', '이건 망상이다'라고 확실히 자각할 수 있다면 그 반응은 사라지는 과정에 들어갑니다.** 왜냐하면 '반응'과 '이해'는 서로 반대되는 개념이기 때문입니다. 의식을 말로 이해하는 데 사용하면 반응에 사용하던 의식의 양이 줄어드니 괴로움도 해소된다는 원리이지요.

한편 "라벨링을 하면 쓸데없이 반응해서 분노가 증폭된다."고 호소하는 사람들을 종종 만납니다. 이는 자기 말에 반응해서 새로운 분노를 결성시키고 있기 때문입니다. 그럴 때는 '이건 분노를 그저 말로 표현했을 뿐이다. 그 말에 반응해서 쓸데없이 분노가 솟아난 것'이라고 이해해보세요. 분노를 말로 표현하는 것이 아니라 '분노가 있다'고 그저 차분하게 이해하는 것이 올바른 방법입니다. 마음에 대한 라벨링은 생각을 늘리라는 뜻이 결코 아님니다. '마음 상태'를 바깥에서 객관적으로 확인하는 작업일 뿐입니다. 연습을 반복하다 보면 자연스럽게 이해하게 됩니다.

다만 처음에는 괴로움의 종류가 탐욕인지, 분노인지, 망상인지 구분하기가 어렵습니다. 그러니 이 세 가지 반응이 평상시 어떤 형태로 괴로움을 만들어내는지 자세히 말로 표현하며 이해해봅시다. 여러분이 평소에 떠안고 있는 초조함과 응어리의 정체가 보이게 될 것입니다.

> 탐욕과 분노와 망상이라는 괴로움의 근원을 깨친 자는
>
> 마음의 자유를 얻을 수 있다.
>
> 건너기 힘들었던 마음속 거센 물살을 뛰어넘었으니 두 번 다시 농락당할 일은 없다.

_이교도와의 대화,《경집》經集

괴로움의 99퍼센트는 망상에서 나온다

가장 먼저 다룰 내용은 '망상'입니다. 불교에서는 괴로움을 동반하는 반응을 일반적으로 탐貪, 진瞋, 치癡의 '삼독'이라고 표현합

니다. 즉 '탐욕, 분노, 망상' 순으로 나열됩니다. 여기서 가장 먼저 망상을 다루는 데는 이유가 있습니다.

왜냐하면 망상이야말로 인간을 고뇌에서 벗어나지 못하게 만드는 최대 원인이기 때문입니다. 망상을 씻어낸다면 괴로움의 99퍼센트는 해결됐다고 봐도 무방하다고 할 만큼 망상은 우리 마음속에 깊게 뿌리내리고 있습니다. 대체 무엇이 문제인 걸까요?

망상이란 뭔가를 뇌리에 떠올리고 있는 상태입니다. 영상을 그려보는 것, 소리내어 말하는 것, 과거를 떠올리거나 미래를 상상하는 등 머릿속에 아른거리는 모든 생각이 망상에 해당합니다. '업무나 공부로 머리를 쓰는 것도 망상이냐'고 묻는다면 반응의 종류로 따지면 그것 또한 망상에 해당한다고 할 수 있겠습니다.

다만 망상에는 무의미한 것과 유의미한 것이 있습니다. 후자를 불교에서는 '올바른 사고'라고 부릅니다. 목적에 맞게 생각하는 것을 뜻하지요. 우리가 씻어내야 할 대상은 목적으로 이어지지 않는 '무의미한 망상'입니다. 예를 들면 이렇습니다.

- 불쾌한 느낌을 주는 기억을 떠올린다.
- 앞날을 비관적으로 상상해 두려워하고 불안해한다.

- 잡념(소리, 영상, 말 등)이 머릿속에 떠돌아 집중하지 못한다.
- 자신을 미움받는 사람, 가치 없는 사람이라고 판단한다.

이런 망상을 우리는 왜 멈추지 못할까요? 바로 '쉽기' 때문입니다. 망상하는 데는 에너지가 거의 들지 않으니까요. 제한도 없습니다. 혼자서든 누구와 같이 있든, 집에서든 밖에서든, 심지어는 자면서도 망상할 수 있습니다.

하지만 그런 망상이 마음을 괴롭히게 됩니다. 왜냐하면 티끌 같던 망상도 한없이 쌓이다 보면 태산이 되기 때문입니다. 망상이 마음을 점령하면 다른 생각을 할 수 없습니다. 망상 하나가 자극제가 되어 마음이 또 다른 망상이나 감정(이른바 2차 반응)을 만들어내는 일도 비일비재합니다.

예를 들어 고통스러웠던 과거를 떠올리면 당시의 괴로운 감정이 되살아납니다. '실패했다', '난 능력이 없다'는 생각이 솟구치면 그 망상에 마음이 반응해 한층 더 침울해집니다. 미래에 대한 망상에도 마음은 반응합니다. 중요한 일을 앞두고 최악의 결과를 상상해 나약해지거나 '난 안 될 거야'라며 포기하는 것은 부정적인 망상에 반응한 결과입니다.

여러분 주변에도 아무것도 하지 않으면서 늘 침울한 표정을 짓고 있거나 기분이 좋아 보이지 않는 사람이 있을 것입니다. 그런 사람은 망상에 반응하고 있습니다. 과거, 미래, 타인, 자기 자신에 대해 온종일 망상을 해서 분노, 적대감, 의심, 두려움과 같은 마음에 완전히 갇혀버린 사람도 있습니다.

그러므로 일상을 확 바꾸고 싶다면 망상에서 빠져나와야 합니다. 이런 망상을 씻어내는 방법은 다음 장에서 자세히 정리하겠습니다. 여기서는 일단 망상을 라벨링해야 한다는 점을 기억해두세요. 스스로 '아! 방금 망상에 빠져 있었다', '현실에서 나는 전혀 다른 일을 하고 있으니 망상을 한 거구나'라고 자각해야 합니다. 그러고 나서는 '사실 확인'에 들어갑니다. '지금 나는 무엇을 하고 있지? 서 있다. 걷고 있다. 숨 쉬고 있다. 일을 하고 있다'라고요. 이렇게 단순한 방법으로 문제가 쉽게 해결될 수 있습니다.

망상 상태를 자각할 수 있으면 부정적인 믿음이나 잡념투성이였던 상태로부터 쑥 빠져나올 수 있게 됩니다. 망상이 줄면 그토록 굳어 있던 고뇌도 녹아 사라질 가능성이 생깁니다.

없어도 되는 것을 바라는 마음, 탐욕

탐욕이란 지나친 욕구에 사로잡힌 마음 상태입니다. 뭐든 지나치게 기대하고 바랍니다. '더 많이', '더 빨리' 혹은 '이것도 저것도 갖고 싶다', '그 사람이 이렇게 뭘 더 해줬으면 좋겠다' 같은 욕구에 사로잡혀 불만을 느끼거나 초조한 상태를 말하지요.

뭔가에 불만을 느낀다는 것은 그 자체로 탐욕입니다. '너무 많이 바라고 있는' 것이지요. 여기서 매우 흥미로운 점은 탐욕이 망상에 의해 만들어진다는 사실입니다.

예를 들면 '과거라는 망상이 만들어내는 탐욕'이 있습니다. 부모에게서 애정을 받지 못했던 과거가 있는 사람은 그 기억(망상)이 남아 있어 '나한테 애정을 더 줘'라며 자기주장을 하곤 합니다. 이것이 주위 사람에게는 고집 세고, 욕심 많고, 여유가 없는 성격으로 비춰지지요. 이런 사람을 주위에서 멀리하는 이유는 본인도 자각하고 있지 못한 기억에 기반한 탐욕 때문입니다.

'만들어진 망상을 바라는 탐욕'도 있습니다. 물건, 지위, 과잉 이익 등 원래 없어도 되는 것을 바라 마지않는 정신 상태, 이른바 '욕망'입니다. 이런 탐욕의 대표적인 예가 바로 물욕입니다. 더 편리하고 더 좋다는 새로운 상품이나 서비스를 보게 되면 무심코 반응해 '갖고 싶다'고 생각합니다. 그 망상이 머릿속에 아른거려 수중에 넣지 않으면 불안과 결핍을 느끼게 되는 것입니다.

오늘날 세상은 고도 소비 사회라고 불립니다. 불교적으로 말하면 망상으로 구매 욕구를 자극해 이익을 내는 시스템입니다. 사실 생각해보면 신상품, 신모델, 업그레이드는 꼭 필요하지 않습니다. 그런데도 갖고 싶은 이유는 왜일까요? 우리가 만들어진 망상에 욕구로 반응하기 때문입니다. 물론 새로운 것이 주는 혜택도 있으니 이를 싸잡아 부정할 수는 없겠지요. 다만 '이건 망상에 반응하는 것뿐이다. 필요 없는 탐욕이야'라고 이해하는 자세가 현대 사회를 살아갈 때는 꼭 필요합니다. 망상을 보지 않으면 갖고 싶은 마음도 없어집니다. 그걸 깨닫는다면 '굳이 보지 않고, 좇지 않는다', '저걸 갖게 되어도 망상이 만족할 뿐이지 현실은 그다지 달라지지 않는다'며 생각을 고칠 수 있습니다.

탐욕의 대상은 물건에 그치지 않습니다. 망상을 바라 마지않는 탐욕은 그 밖의 다양한 망상으로 번져갑니다. 예를 들어 조직이나 지위를 사유화해 물욕과 권력욕을 채우는 사람들을 떠올려봅시다. 이들이 바로 탐욕에 지배당한 사람들입니다. '이런 사회적 지위를 얻으면 자신의 가치가 올라간다'고 굳게 믿고 오로지 지위, 학력, 수치로 측정되는 목표를 좇는 사람들도 탐욕에 사로잡힌 것입니다. '자신이 뛰어나다'는 망상을 사수하기 위해 주위를 오로지 라이벌과 적으로 간주하고 경쟁하거나 깔보거나 질투하는 사람 역시 탐욕에 집어 삼켜진 상태입니다.

이런 사람은 늘 탐욕에 사로잡혀 있기에 자신이 충분히 가지지 못했다고 생각합니다. 그래서 늘 저기압 상태이지요. 그렇게 탐욕은 분노를 초래합니다. **그러나 확실히 말할 수 있는 한 가지는 탐욕에 사로잡히더라도 만족을 얻는 일은 한없이 적다는 사실입니다.** 그 이유는 간단한데, '망상 그 자체를 바랄 뿐이기 때문'입니다.

인간은 어중간하게 머리가 좋아 쓸데없이 망상을 잘합니다. 그런 망상이 자극제가 되어 욕구가 만족할 줄 모르고 계속 돌아가는 것이지요. 망상은 하기 쉽고 제한이 없습니다. 따라서 무엇을 얻는다 한들 멈추는 법이 없습니다. 망상할수록 더더욱 갖고 싶어지죠. 그래서 이런 패턴을 끊임없이 반복하게 됩니다. 다만 마음에서 무엇이 벌어지고 있는지 스스로 깨닫지 못하니 이런 무의미함도 자각하지 못합니다.

한마디로 탐욕은 마음에 병이 든 것과 같습니다. 없어도 되는 것을 바람으로써 줄곧 불만 속에 싸여 있게 되지요. 그런 욕심과 분노로 초조하고, 빼앗고, 남에게 상처 입히고, 남을 이용하려 듭니다. 스스로도 채워지지 않을뿐더러 주위에도 민폐가 아닐 수 없습니다. 이것이 바로 탐욕이 초래하는 결과입니다.

> 도를 따르는 자들이여, 병에는 두 종류가 있다.
> 하나는 몸의 병이고, 다른 하나는 마음의 병이다.
> 100살을 넘어서도 여전히 몸이 건강한 사람은 있다.
> 그러나 마음은 어떠한가. 한순간도 병에 걸리지 않는 사람이 거의 없다. 마음에 얼룩이 없는 자는 극히 소수다.
>
> _《증일아함경》增一阿含經

과연 마음의 병을 가진 채로 어디까지 살아갈 수 있을까요? 이는 자신의 삶과 가치관의 문제임과 동시에 사회 전체가 생각해봐야 할 문제이기도 합니다.

굳이 없어도 되는 것을 바라며 망상하는 상태는 마음의 병입니다. 그 사실을 깨닫고 마음을 다잡아봅시다. 더욱 가치 있는 삶을 바라자고 다짐합시다. 어렵겠지만 그런 생각을 시작하는 것이 새로운 인생으로 나아가는 터닝 포인트입니다.

'나는 옳다'는 마음이 만들어내는 분노

분노란 불쾌를 느끼는 마음 상태입니다. 분노만큼 우리에게 친숙한 감정도 없지요. 업무나 생활에 쫓겨 초조할 때, 상대방과 말이 통하지 않아 화가 날 때, 부조리한 처사에 납득이 가지 않을 때, 불운에 휘말리고 소중한 것을 잃어버렸을 때 우리는 분노를 느낍니다. 조금도 분노하지 않고 살아갈 수 있는 사람은 거의 없을 것입니다.

분노가 좋지 않다는 것을 모르는 사람은 없습니다. 머리로는 누구나 다 압니다. 그러나 애초에 분노는 '감정'이라서 '생각'보다 먼저 옵니다. 그러다 보니 머리로 아무리 '화내지 말아야지'라고 생각해도 순식간에 화가 솟구치고 맙니다.

그럼 분노를 다스리는 방법은 없는 걸까요? 그렇지 않습니다. 다만 더 근본적인 '마음 사용법'을 익힐 필요가 있습니다. 이 책 전체가 그 답이 되어줄 것입니다.

먼저 분노는 불합리하다는 점을 실제로 느껴야 합니다. 불합리하다는 말은 나에게 전혀 도움이 되지 않고 가치가 없다는 의미입니다. 분노에 사로잡히면 일에 집중할 수 없습니다. "내 안의 분노를 에너지로 바꾸어 노력한다."고 말하는 사람도 있던데,

이는 착각일 뿐입니다. 분노하는 사람은 자신이 집중하며 힘을 내고 있다고 생각할지 모르지만 그건 분노에 사로잡혀 열을 내고 있을 뿐이지 집중과는 전혀 다른 상태입니다. 분노는 '차분하게 집중할 수 있는 마음'을 결코 이길 수 없습니다.

분노를 자기에게 좋은 쪽으로 이용하려는 마음의 작용도 조심해야 할 부분입니다. 분노로 뭔가를 부정하면 우리는 자신이 옳다고 생각하게 됩니다. '이 분노에는 이유가 있다', '나의 분노는 정의로움의 발현이다' 같은 생각이지요. 인정욕구가 작동해 자신이 인정받은 듯한 기분이 드는 것입니다. 이렇게 기분이 좋아지니 화를 계속 내게 되지요. 비판하고, 싫은 말을 하고, 성질을 내고, 험담하고, 주위 사람들을 끌어들입니다. 결과적으로 '내가 옳다'는 생각이 굳어져 갑니다.

불교에서는 '내가 옳다', '나는 가치 있는 훌륭한 사람이다'는 생각을 '만'慢이라고 부릅니다. 인정욕구가 만들어지는, 자신을 지나치게 긍정하는 망상을 뜻합니다. 오만함, 거만함, 자존심, 허영심, 우월감, 차별의식, 방심, 우쭐함, 독선과 같은 것이 만에 해당합니다.

'자신을 자랑스럽게 여기고 자존심이 강한 것은 좋은 것 아닌가?'라고 생각하실 테지요. 하지만 그런 생각이 의미를 지닐 때는 누군가를 도왔다거나 사회적으로 좋은 일에 이바지했을 때, 즉 타인에게 가치가 있었을 경우에 한합니다. 그저 '나는 옳다', '나는 뛰어나다'라고 생각할 뿐이라면 머릿속에만 있는 것이니 역시 망상에 불과합니다.

마음의 얼룩을 만드는 망상과 이별하기

결국 모든 것은 망상으로 귀결됩니다. 망상은 정말로 뿌리가 깊어 여러 방면에 걸쳐 있습니다.

망상을 바라니 현재 상황에 만족하지 못합니다. 타인에게 불만을 품고, 초조해합니다. 망상으로 인정욕구를 채우려고 하니 자신의 가치에 신경을 쓰고 남과 비교합니다. 경쟁하고, 이겨서 우쭐해지고, 져서 비굴해집니다. 망상에 빠져 자꾸 과거로 돌아가버리니 앞으로 나아가지 못합니다. 과거에 대한 후회와 자기혐오가 계속 이어집니다. 망상에 빠져 있으니 계속 멍한 상태가 지속됩니다. 살아 있다는 느낌이 들지 않습니다.

말하자면 망상이 마음을 더럽히는 최대의 범인인 것입니다.

그런데 만약 망상이 사라진다면 마음은 어떻게 될까요? 부족

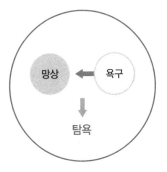

망상에 욕구로 반응하면
'탐욕'이 된다

분노 또는 인정욕구가 만드는
망상이 '만'

망상은 마음의 얼룩을
만드는 온상

한 것은 아무것도 없습니다. 자신을 부정할 이유도 없지요. 안달할 필요도 없습니다. 지금 할 수 있는 일에 최선을 다하면 되니까요. 상대방에게 화내기보다 상대방을 이해하고 어떻게 관계하면 좋을지 생각해보게 됩니다.

망상이 사라지면 이렇게나 단순한 마음이 됩니다. 인생에서 그토록 뭔가를 바라지 않아도 되고, 화낼 필요도 사실은 없습니다. 그토록 깊이 고민하며 고생할 필요도 없습니다. 더 나은 삶은 틀림없이 있습니다. 그건 분명 의심할 여지없는 진실이지요.

그렇다면 마음의 얼룩을 씻어내는 순서는 제일 먼저 망상을 없애는 것입니다. 여기에 맞춰 망상과 이어진 탐욕과 분노 역시 떼어 놓습니다. 뒤에서 더 자세히 설명하겠지만 탐욕, 분노, 망상 세 가지를 씻어내는 과정에서 새로운 마음 사용법이 필요합니다. 바로 반응하지 말고 이해하는 것, 목적에 따라 생각하는 것입니다.

마음 사용법을 알고 이를 실천하면 나를 우울하게 만들던 갖가지 고민이 깨끗하게 정리되고 해소됩니다. '이제까지 인생이 잘 풀리지 않았던 이유는 마음이 깨끗하지 않았기 때문이다. 마음 사용법을 몰랐기 때문이었어'라고 분명 깊이 수긍할 것입니다.

마음을 들여다보면
괴로움이 멈춘다

마음의 움직임을 확인하기. 그 일의 중요성을 이야기해주는 에피소드를 소개해보겠습니다.

어느 50대 여성은 부모의 지나친 간섭과 언어폭력으로 인해 어렸을 적부터 상처를 받아 왔습니다. 열심히 공부해서 국립대학 의학부에 진학해 의사가 됐지만 부모의 기대에 못 미친다며 제대로 된 축하도 받지 못했습니다. 그러다 보니 축적된 분노와 복수심에 사로잡혀 어른이 되어서도 늘 상대방에게 시비 거는 태도가 습관이 되고 말았습니다. 속내를 털어놓을 상대가 없어줄곧 고독 속에 있었습니다. "이제 인생에 지쳤어요. 왜 제 주변에는 적만 있을까요?"라며 한탄했습니다.

주변에 적이 많다면 적 쪽의 사정도 들어봐야 합니다. 이 여성역시 항상 '전투 모드'로 상대를 대하니 적이 늘어나는 것이 당연했습니다.

저는 "마음의 이력을 되돌아보세요."라고 여성에게 전했습니다. 마음의 이력을 되돌아보는 일은 마음속에서 계속되고 있던 '반응'을 객관적으로 '이해'하는 쪽으로 돌려 그 반응으로부터 '해방'되는 과정입니다. 다음과 같이 과거로 거슬러 올라가 어떤 사건이 있었는지 살펴보고, 그 당시 나의 반응을 객관적으로 이해해보도록 합시다.

내 마음의 이력 되돌아보기

자신의 일대기를 작성한다는 생각으로 태어난 해부터 지금까지의 일들을 되돌아봅시다. 처음 떠올릴 수 있는 기억부터 항목을 나열하는 정도만 해도 괜찮습니다.

① 나이를 제일 위에 쓰고 나이에 맞춰 바로 떠올릴 수 있는 주요 사건을 적어 나간다.

ex) ○살 ○월, ○○학교에 입학

② 기억하고 있는 사건별로 객관적 사실을 적어 나간다.

ex) 어디에 갔다, 이런 일이 있었다

③ 그때 자신의 반응을 떠올린다. 내가 느낀 감정, 생각, 행동 등을 적는다.

④ 어느 정도 떠올렸다면 당시 자신의 반응을 라벨링한다. 라벨링에 사용하는 단어는 단순할수록 좋다.

ex) 분노, 슬픔, 기대했다, 자책했다 등

여기서 핵심은 '객관적 사실'과 '반응'을 분류한다는 생각으로 적는 데 있습니다. 과거를 떠올리는 일에는 감정이 따르는 법이지만 그래도 '사실이 먼저이고, 반응은 그다음'이라는 마음가짐으로 적기 위해 노력합니다.

라벨링하는 목적은 과거에서 의미를 끄집어내는(해석하는) 것이 아닙니다. 당시 자신의 반응을 이해해서 더 이상 마음이 움직이는 것을 멈추기 위함입니다. 따라서 감정을 자극하는 단어, 예컨대 '굴욕', '절망', '증오' 등과 같은 말은 피하도록 합니다. 가능한 한 단순한 단어로 라벨링합니다. '이해해서 마음을 멈춘다'는 목적에 비춰보았을 때 객관적으로 이해할 수 있는 표현을 고르는 것이 핵심입니다. 이 작업이 조금이라도 힘에 부친다면 멈춰도 됩니다. 쉬엄쉬엄해도 좋습니다.

정리가 끝나면 "그때는 ~라고 반응하고 있었구나."라는 말을 반드시 덧붙여주세요. 이 방법은 자신의 반응을 객관적으로 바라보는 데 매우 유용합니다. "~라고 너무 바랐다.", "~라며 화내고 말았다.", "~라고 망상했다'처럼 말로 확인합니다. 이 작업을 빠뜨리면 반응하는 마음 상태가 그대로 유지되고 맙니다. '~라고'를 덧붙임으로써 '일단 이해한' 셈 치는 것입니다.

과거의 괴로운 기억을 떠안고 사는 사람은 이 작업을 할 때면 가슴이 답답해지고 침울해집니다. 지극히 자연스러운 반응이지요. 잊은 척해도 마음속 깊은 곳에서 마음은 과거의 기억에 계속 반응하고 있는 것입니다. 그런 상태로는 계속되는 괴로움에서 벗어날 수 없다는 걸 기억해주세요.

마음의 이력을 되돌아보는 과정을 거치면 거칠수록 나의 반응을 객관적으로 이해할 수 있게 될 겁니다. 이해할 수 있으면 그 반응으로부터 해방될 수도 있지요. '당시에는 반응했는데 이젠 다르다', '요즘은 떠올리지 않게 되었다', '반응하지 않게 되었다'는 생각이 든다면 과거를 하나 졸업할 수 있습니다.

과거를 이해하는 일은 의외로 어렵습니다. 앞서 소개한 여성도 뿌리 깊은 과거로 고생하는 것이었죠. 저는 마음의 이력을 되돌아보는 일의 의미를 전하고 힘을 낼 수 있도록 격려했습니다.

얼마 뒤 그 여성에게 이런 연락을 받았습니다. 매사에 늘 딴지를 거는 동년배 남성 의사가 있었답니다. 일전에 어떤 자리에 동석했을 때도 자신의 일에 딴지를 걸었답니다. 예전 같았다면 화를 내거나 무시했을 텐데 이번에는 '나는 불쾌함을 느끼고 있다'고 깨달으면서 오히려 다가가 이렇게 말했다고 합니다.

"고칠 점이 있다면 고치고 싶으니 왜 그러는지 정확히 말해주시겠어요?"

그 남성 의사는 당황하면서 "아니, 딱히 이유가 있어서 그런 건 아니고. 굳이 말하자면 이러이러한 점에도 주목하는 편이 좋을 것 같네요……."라고 대답했답니다. 평소처럼 전투 모드가 아니라 상대방도 부드럽게 넘어간 것이죠. 그 여성은 "과거를 되돌아보기가 괴롭다, 좀처럼 앞으로 나아가질 못하겠다."라고 푸념하면서도 정작 실제로는 앞으로 나아가고 있던 셈입니다.

마음의 이력을 되돌아보고 이해하는 노력을 통해 마음 상태가 '반응 모드'에서 '이해 모드'로 전환된 것이지요.

'마음을 멈출 수 있는 사람'이 되는 법

———

이제까지의 내용을 정리해보겠습니다. 인생이 생각대로 흘러가지 않는 이유는 '마음이 깨끗하지 않기 때문'입니다. 그런데 어떤 마음의 얼룩이든 그 근원을 따져보면 탐욕, 분노, 망상이라는 세 가지 반응에 불과합니다.

마음을 움직이는 것은 의식이라는 에너지입니다. 이 의식을 반응이 아닌 이해하는 데 사용하면 마음의 움직임이 멈추고 결과적으로 마음의 얼룩이 늘어나지 않습니다. 그리고 이 '이해하기'를 위한 훈련이 바로 라벨링, 즉 말로 확인하기입니다.

"그런데 마음을 멈추면 아무것도 할 수 없게 되는 것 아닌가요?"라고 질문할 수도 있겠지요. 이때의 목적은 '쓸데없는 마음의 움직임'을 멈추는 데 있습니다. 반응해도 될 때, 어떻게 반응해야 할지가 명확할 때는 충분히 힘껏 반응하면 됩니다.

문제는 대부분의 사람들이 쓸데없는 마음의 움직임을 멈출 힘이 없고, 어떻게 멈춰야 할지 그 방법도 모른다는 점입니다. 따라서 마음이 힘든 방향으로 흘러가는 것을 멈추지 못하고 마음의 얼룩, 나아가 갖가지 고뇌를 떠안고 마는 것이지요.

우리는 마음의 움직임을 멈추는 힘을 익혀야 합니다. 그래야 나아가야 할 때는 힘차게 돌진하고, 멈춰야 할 때는 멈출 수 있지요. 그런 마음으로 지낼 수 있으면 하루하루가 단연 즐거워집니다. 마음의 움직임이 멈추면 더러운 물이 투명해지듯 마음이 깨끗해집니다. 만약 탐욕이 멈추면 목마르던 마음은 물이 스며들듯 치유됩니다. 분노가 멈추면 마음은 평온하고 따뜻해집니다. 깨끗한 마음에 이르면 인생을 제대로 살아가고 있다는 느낌이 듭니다.

여러분이 이제까지 제 실력을 발휘하지 못한 이유는 쓸데없는 마음의 움직임을 멈추지 못했기 때문입니다. 남은 인생을 생각대로 살아가고 싶다면 이해하는 힘을 키워 마음을 원하는 대로 멈출 수 있도록 연습합시다.

멈춘 다음에는 어떻게 해야 할까요? 그렇습니다. '없애는' 작업에 들어가야지요. 마음은 한층 더 깨끗해질 것입니다. 함께 앞을 향해 나아갑시다.

마음이라는 배에서 물을 퍼내라. 그러면 배는 경쾌하게 나아갈 것이다. 탐욕과 분노와 망상을 쓸어낸다면 마음은 자유의 경지로 향할 것이다.

_도를 따르는 자에 관하여, 《법구경》法句經

매일매일의 반응은 티끌과 먼지처럼 쌓여 갑니다.
마음의 얼룩을 깨끗이 닦아내어
자유로운 상태로 되돌립시다.

제2장

마음의 얼룩을
깨끗이 닦아내면서

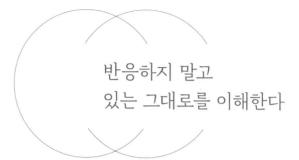

반응하지 말고
있는 그대로를 이해한다

매일매일 생활하면서 우리 안에는 마음의 얼룩이 계속 쌓이게 됩니다. 이런 마음의 얼룩은 빨리 씻어내는 것이 가장 좋습니다. 아니, 더 단적으로 '쓸데없는 반응은 바로바로 싹둑 잘라내자' 정도의 결단력이 있어야 합니다. 솔직히 말해봅시다. 필요 없는 생각들을 너무 떠안고 있지 않나요?

　이번 장은 매우 중요한 의미를 지닙니다. 예로부터 명상, 좌선, 마인드풀니스라고 불러왔던 마음을 정화하는 방법의 본질을 파헤치는 장이기 때문입니다.

'의식 사용법' 파악하기

먼저 마음의 근저에 무엇이 있는지를 밝혀봅시다.

의자에 앉아 양쪽 다리 위에 손을 올려두고 눈을 감아주세요. 눈앞의 어둠을 가만히 응시합니다. 머리를 움직이지 말고 눈을 감은 채로 눈동자만 오른쪽, 왼쪽, 사방팔방으로 둘러봅니다. 그런 다음 주위의 낌새를 감지합니다. 누군가의 인기척, 에어컨이나 시계 소리 등을 통해 여러 가지가 '있다'는 사실을 알게 될 것입니다.

여전히 눈을 감은 채로 양쪽 다리 위에 올려둔 손으로 시선을 옮깁니다. 어둠 속에서 손의 감각이 존재함을 느낄 수 있습니다. 눈을 감은 채 거기에 있는 손의 감각을 사물을 보듯이 응시해주세요. 그리고 이 손을 들어올리자고 '의식'합니다. 하지만 실제로 손은 움직이지 않습니다. 손은 그대로 둔 상태에서 '이 손을 움직이자'고만 의식합니다.

그렇습니다. 조금 전까지 사용한 것은 무엇일까요? 바로 '의식'입니다. '어둠을 보기', '바깥의 낌새를 느끼기', '손의 감각을 응시하기', '손을 들어올리자고 의식하기' 모두 의식만을 사용하는 상태입니다.

눈을 감았어도 여전히 어둠 속에서 움직이고 있는 것. 나의 내면 깊숙한 곳에서 움직이고 있는 것. 뭔가에 반응하려 하는, 생각하려 하는 이 에너지가 바로 '의식'입니다. 이 책의 가장 처음에 언급했던 걸 기억하시나요? 이 의식이 일상의 반응을 만들어내는 에너지원입니다. 바깥의 자극을 접해 감각을 느끼고, 욕구를 느끼고, 생각을 만들어냅니다.

이런 반응이 자신에게 가치 있는 것이라면 문제가 없습니다. 그런데 대부분의 사람들이 의식의 사용법을 잘 모르기 때문에 쓸데없는 반응에 의식, 즉 에너지를 써버리고 맙니다. 그 결과 만들어지는 것이 삼독이라 부르는 탐욕과 분노와 망상입니다. 이 중 두 가지, 지나친 인정욕구와 망상이 결합하면 '만', 즉 자신만이 옳으며 자신만이 타인보다 가치 있다는 판단이 생겨납니다.

우리가 느끼는 일상의 스트레스나 인간관계를 둘러싼 괴로움이란 거의 이 네 가지로 되어 있다 해도 과언이 아닙니다. 이런 반응을 막으려면 마음의 움직임을 이해하는 작업, 즉 먼저 말로 확인하고 마음의 움직임을 멈출 수 있도록 해야 한다는 것이 앞서 배운 내용이었습니다.

그렇다면 반응해버린 다음에는 어떻게 해야 할까요? 이미 마음에 솟아난 감정과 새겨진 기억은 어떻게 씻어낼 수 있을까요?

붓다가 전한 방법은 단 한 가지입니다. **의식이라는 에너지를 더욱 세세히 '이해하는' 데 써야 한다.** 이것이 바로 붓다의 메시지입니다. 말로 확인하는 것보다 더욱더 섬세하고 세밀하게 '있다고 이해하는 것'. 이를 실천할 수 있다면 마음을 한층 더 깨끗이 닦아낼 수 있습니다. 일상의 풍경까지도 바뀌게 될 겁니다.

해석하지 않고 그저 이해한다

불교에서는 '이해하기'라는 말을 '존재하는 것을 존재한다고 아는 것'이라고 정의합니다. 이것이 무슨 말일까요? 한마디로 **반응하지 않고, 해석하지 않는 것입니다. 그저 '알고 있는' 것입니다.** 사실 자체로서 있는 것은 있고, 없는 것은 없다고만 인식합니다.

이 마음 사용법을 '이해하기'라고 표현하겠습니다. 앞서 해봤던 '주위의 낌새를 느낀다'에서는 '있다'고 인지했지만 반응하지 않았지요. 눈을 감고 '손의 감각이 여기 있다'고 확인하는 것도 그저 이해하는 상태입니다. 눈앞에 과일이 놓여 있다면 과일이 존재한다고 아는 것. 보인다는 것을 아는 것. '무슨 맛이 날까?', '맛있겠다'와 같은 반응으로 더는 들어가지 않는 것. 이처럼 아는 데서 그치는 마음가짐을 '이해하기'라고 표현합니다.

이런 의식 사용법을 붓다는 '사티'sati라고 불렀습니다.

> 마음을 청정하게 만들기 위해, 마음의 근심과 슬픔, 그 밖의 고뇌
> 를 풀어내어 자유로운 경지에 도달하기 위한 방법으로서
> 사티(알아차림)는 단 하나의 길이다.
>
> _대염처경大念處經 중 '알아차림에 관하여', 《장아함경》長阿含經

사티가 얼마나 큰 힘을 지니는지는 아무리 강조해도 부족함이 없습니다. 만약 사티, 즉 이해한다는 마음 사용법의 궁극에 도달하면 무슨 일이 벌어질까요? 모든 마음의 얼룩이 날아갑니다. 예전에는 이를 '깨달음'이라고 불렀는데 그 의미 중 하나는 '이해의 궁극에 도달해 모든 고뇌로부터 해방된 마음의 경지'입니다.

너무나 단순한 말이지만 사티라는 말의 의미를 얼마나 체감할지는 앞으로 여러분이 실천하기 나름입니다. 일상의 마음 상태에 따라, 또 사티의 강도와 활용법에 따라 '이것이 사티라는 것이구나'라는 실감은 한없이 달라지게 됩니다.

사티를 어디까지 파고들 수 있는지는 사람마다 다릅니다. '사

반응하는 마음과 이해하는 마음의 차이

반응하는 마음

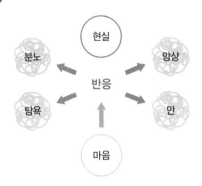

반응하면 마음의 얼룩이 생긴다

이해하는 마음

이해하는 마음으로 깨끗한 상태를 유지할 수 있다

티의 궁극'에 이르는 일은 결코 쉽지 않지요. **다만 확실히 말할 수 있는 것은 현실 문제와 마음의 고뇌를 뛰어넘으려면 '이해하는 힘'이 반드시 필요하다는 사실입니다.**

이것저것 생각하고 괴로워하기만 해서는 부족합니다. 왜냐하면 아무리 생각해도, 힘을 내도, 싸워도, 그것들은 전부 반응이기 때문입니다. 그런 반응이 일상의 분노, 과거의 괴로움, 미래에 대한 불안을 만들어냅니다. 자신의 성격조차 반응에서 비롯된 버릇입니다.

이런 반응을 극복하지 못한다면 반드시 새로운 괴로움이 생겨납니다. 이미 떠안고 있는 괴로움도 남아 있지요. 이렇게 얼룩진 마음으로는 아무리 머리를 써본들 편해질 수도 없을뿐더러 해결책도 찾지 못할 것입니다.

그렇기에 더더욱 발상을 바꾸어야 합니다. 이해하는 힘이 없으면 괴로움은 사라지지 않는다는 점을 깨달으세요. 이해하는 힘을 키우기 위해 사티를 실천하는 것입니다.

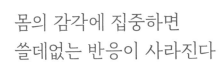

몸의 감각에 집중하면
쓸데없는 반응이 사라진다

사티를 실천하면 마음을 더 잘 이해하고 바라볼 수 있게 됩니다. 그와 동시에 반응은 멈추고 이윽고 사라져 갑니다.

복잡한 마음의 움직임을 주시하고 그 반응을 하나씩 정밀하게 '있는' 것을 '있다'고 이해하도록 합니다. 사티를 작동시키면 반응이 멈추고 결국엔 사리지게 될 겁니다. 이 과정을 체험하는 것이 이른바 명상이며 좌선입니다.

사티를 단련하는 대표적인 연습 방법 몇 가지를 정리해보겠습니다.

반응을 사라지게 하는 사티 실천법

손을 이용한 사티

① 눈을 감고 손바닥에 시선을 향합니다. '손의 감각이 있다'고 이해합니다.

② 손을 꽉 쥐었다가 쫙 폅니다. 눈을 감은 채로 손을 바라보고 '쥔 감각이 있다', '편 감각이 있다'고 이해합니다.

③ 손을 들어 올렸다 내립니다. 어깨높이까지 올라가고 내려가는 손의 감각을 눈을 감은 채 좇습니다. '손이 올라갔다 내려간다'고 이해합니다.

호흡을 이용한 사티

① 기본적으로 앉아서 하지만 크게 상관없습니다. 자면서 해도 됩니다.

② 눈을 감은 채로 의식하며 호흡합니다. 코끝 또는 복부의 팽창 및 축소에 집중합니다. 들이쉴 때의 감각, 내뱉을 때의 감각이 '여기에 있다'고 이해합니다.

③ 집중력이 떨어지면 복근을 사용해 호흡을 짧게 끊어 빠르게 합니다. 마음이 차분하지 않을 때는 의도적으로 크게 천천히

호흡합니다.

④ 반응에 떠내려가지 않도록 라벨링을 사용합니다. 예를 들면 이렇습니다. 복부가 완전히 숨으로 꽉 찰 때까지를 '들이쉬고 있다', 완전히 줄어들 때까지를 '내뱉고 있다'고 확인합니다. '팽창, 축소' 등 단어로 말해도 좋습니다. 호흡을 더욱 짧게 끊어 '마심, 마심, 마심', '뱉음, 뱉음, 뱉음'이라고 확인합니다. 팽창 시작을 '1', 팽창 종료를 '5(또는 10)'로 정해 한 번의 호흡을 짧게 끊어 세는 방법도 있습니다.

⑤ 들이쉼을 '1', 내뱉음을 '2'로 세어 10까지, 100까지, 1,000까지 직접 목표를 정해 계속 세어도 좋습니다.

서서 하는 사티

① 일어선 상태에서 눈을 감고 전신의 감각에 시선(의식)을 향합니다. 머리부터 발바닥까지의 감각 하나하나를 '여기에 있다'고 확인합니다.

② 몸이 흔들리는 감각도 주의 깊게 관찰합니다.

③ 발바닥에 시선을 향합니다. '여기에 발바닥의 감각이 있다'고 이해합니다.

④ 그 자리에서 제자리걸음을 합니다. 발바닥의 무게감이 변

화하는 모습을 관찰합니다. 가벼워지는 감각과 무거워지는 감각을 잘 살펴봅니다.

걸으면서 하는 사티

① 걸으면서 발바닥의 감각에 의식을 향합니다. 발바닥에 중점을 두는 이유는 의식을 한곳에 집중시키는 쪽이 마음을 정화하는 데 효과적이기 때문입니다. 사티를 단련할 때는 눈을 감는 편이 좋지만, 걸을 때 중심을 잡기 힘들다면 살짝 실눈을 떠도 좋습니다.

② '발을 올리고 있다', '발을 옮기고 있다', '땅에 발을 댄다' 등으로 라벨링하면서 변화하는 발바닥의 감각을 관찰합니다. 라벨링 방식은 자기 나름대로 고안해도 좋습니다만 '걷고 있다'를 1단계로, '오른쪽, 왼쪽'을 2단계로, '올린다', '내린다'를 3단계로 하는 것이 기본입니다.

③ 걷는 사티의 속도는 각자 조절하면 됩니다. 잡념이 많다면 걷는 폭을 짧게 끊어 빠르게 걷거나 7단계로 걷는 방법도 있습니다. '올린다, 바닥에서 뗀다, 옮긴다, 내린다, 바닥에 댄다, 중심을 옮긴다, 중심이 완전히 실린다'처럼 합니다. 이때 '중심이 실린' 다음에 곧바로 다른 쪽 발을 '올리는' 단계로 이행해야 합니

다. 망상이 들어올 틈을 주지 않도록 쉬지 않고 움직이는 것이 핵심입니다.

물론 매우 천천히 걷는 사티도 있습니다. 동남아시아 불교 국가에서는 한걸음에 최소 10초는 걸릴 만큼 느리게 걸으며 명상하기도 합니다. 평소에 놓치고 있는 감각을 관찰함으로써 주의력을 끌어올리기 위해서입니다.

라벨링과 사티로 몸의 감각을 알아차린다

이런 식으로 출퇴근 시간이나 쉴 때 혹은 자기 전 30분 등 자기 나름대로 규칙을 정해 사티를 실천해봅시다. 일정한 시간에 맞춰 사티를 훈련하고, 도중에 그만두지 않는 것이 무척 중요합니다. 마음 상태를 '반응 모드'에서 '이해 모드'로 전환하려면 일정 시간이 필요하기 때문입니다.

앉기만 해도 졸음이 몰려온다면 몸을 움직이는 사티를 중심으로 훈련합니다. 이동 중에는 걷는 사티를, 역 승강장에 서 있을 때는 땅을 내딛고 서는 사티를 합니다. 웨이트 트레이닝 중에는 근육에 의식을 향합니다.

요즘 많은 현대인들이 스마트폰에서 손을 떼지 못하지요. 스마트폰 사용이 습관으로 굳어지면 의식이 그저 반응으로 흘러가는 '얼룩이 잘 쌓이는 마음'이 될 우려가 있습니다. 그러므로 마음을 선명하게, 모드 전환이 잘 되게 만들고 싶다면 하루에 몇 번쯤은 반응을 의도적으로 차단해 '감각에 어디까지 집중할 수 있는지'에 도전하도록 합시다.

라벨링과 사티는 모두 이해의 힘을 키우는 방법입니다. 라벨링은 마음과 몸의 움직임을 객관적으로 확인하는 방법이고 사티는 한층 더 세세하게 순간순간의 '있음'을 알아차리는 방법입니다.

이 두 가지는 자동차의 바퀴와 같습니다. 두 가지를 함께 회전시켜야(실천해야) 이해하는 힘을 단련해 나갈 수 있습니다. 이는 쓸데없는 반응이 멈추고 마음의 얼룩이 사라지며 깨끗한 상태로 바뀌어 가는 여정입니다.

물론 마음이 금방 바뀐다고 단정할 수는 없습니다. 대부분의 사람들이 오랜 기간 반응 모드로만 살아왔으니까요. 그러니 처음에는 잘되지 않아 자기혐오에 빠지거나 초조할 수도 있습니다. 그럴 땐 이것 모두 거쳐 가는 과정이라고 생각하세요. '안 된다', '나는 역시 무리야'라고 결론 지어본들 과거의 자신으로 돌아갈 뿐입니다.

마음을 씻는 과정

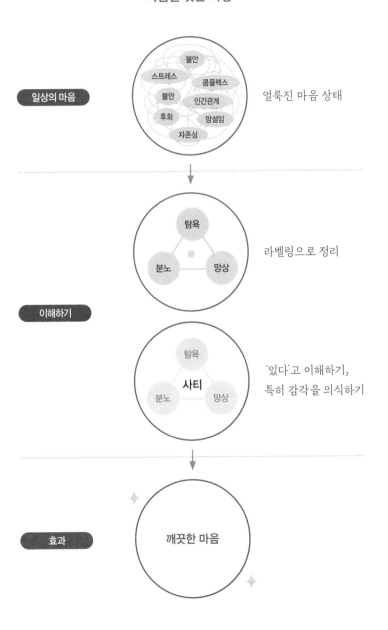

일상의 마음

얼룩진 마음 상태

이해하기

라벨링으로 정리

'있다'고 이해하기,
특히 감각을 의식하기

효과

깨끗한 마음

진정한 목적은 지금의 자신을 뛰어넘는 것입니다. 부디 초조
해하지 마세요. 마음이 달라질 가능성을 즐겁게 기다려봅시다.

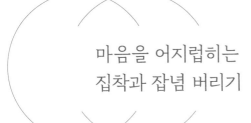

마음을 어지럽히는
집착과 잡념 버리기

사티를 실천하다 보면 그 사람이 떠안은 인생의 과제가 드러나기도 합니다. 이것이 사티의 흥미로운 대목이지요.

예를 들어 '사티를 실천하기 어렵다'고 느끼는 사람은 집착이 강한 경향이 있습니다. 여기서 집착이란 본인이 원하든 원치 않든 '계속 이어지고 있는 마음 상태'를 말합니다. 이치만 따지며 너무 생각이 깊은 사람이나 마음 한구석에서 계속 과거나 타인에 대한 생각을 날려버리지 못하는 사람은 똑같은 정신 상태에 머물러 있으므로 집착이 강한 사람입니다. 이런 집착을 풀어내려면 사티를 사용해 마음의 상태를 바꿔야 합니다. 어떻게 하는 게 가장 좋을까요? 너무 깊이 생각하는 버릇을 고치고 응어리를 날려버리는 요령을 정리해보겠습니다.

생각에 대한 집착은 몸을 움직여 풀어낸다

너무 깊이 생각하는 사람은 몸의 감각보다 '생각'에 의식을 사용하고 싶어 합니다. 물론 생각은 필요한 일이지만 지나치게 생각에만 빠져 있으면 융통성이 없어지거나 새로운 환경과 인간관계에 잘 적응하지 못해 고생하지요. 솔직히 본인도 그런 자기 모습에 질려 있을지 모릅니다.

그렇다면 감각 쪽으로 사티를 작동시켜 생각에 사로잡힌 마음 상태를 바꾸는 시간을 마련해봅시다. 그런데 여기서 너무 깊이 생각하는 사람의 특징이 나옵니다. "감각이 뭔지 모르겠다."고 말하는 것입니다. "걸으면서도 발바닥의 감각을 모르겠다. 머리로만 말하는 듯한 느낌."이라고요. 이는 아직 정신 상태가 바뀌지 않았기 때문에, 즉 생각에 집착하고 있기 때문입니다.

그럴 때는 '몸을 더 많이 움직이는 사티'에 도전해봅시다. 스포츠나 웨이트 트레이닝, 에어로빅 댄스도 좋습니다. 잡념에 빠질 겨를이 없을 정도로 몸을 최대한으로 움직여 생각을 떼어놓는 데 도전하는 것입니다. 일설에 따르면 요가 그리고 중국이 발상지인 무술도 사티에서 파생된 것이라고 합니다. '사티를 작동시킨다'는 본질을 잊지 않는다면 여러 가지 아이디어를 내볼 수 있을 것입니다.

과거에 대한 집착은 인정함으로써 날려버린다

다음으로 풀어내려는 것은 과거를 날려버리지 못하는 사람의 마음입니다. 과거의 사건이나 누군가를 마음 한구석에서 늘 생각하고 있습니다. 그런 사람은 어떻게 해야 편해질 수 있을까요?

이상하게도 뭔가 응어리가 남아 있는 사람은 '앉는 사티'를 하면 금방 졸음을 느낍니다. 본인은 집중력이 약해서라고 생각합니다. 그러나 더욱 본질적인 이유는 '이해하고 싶지 않기 때문'입니다. 과거가 있고, 누군가에 대한 생각을 버리지 못해 응어리가 있고, 그런 상태를 바라보자니 힘들고, 상대를 부정하고 싶지 않고, 나쁜 쪽은 나일지도 모르고 등등 별의별 생각이 솟아납니다. 그런 혼란을 회피하려고 마음이 '당신은 이제 잠이 듭니다' 라고 지령을 내리는 것이지요.

날려버리지 못하는 생각을 직시하기란 괴로운 법입니다. 그렇지만 그런 '반응의 연쇄'에서 졸업하지 않으면 응어리는 계속 이어질 수밖에 없습니다. 더구나 그런 상태로는 불쾌한 감정이 계속되어 현재 상황을 벗어나는 데 필요한 결단을 내리지 못하게 됩니다. 한마디로 마음을 제대로 쓸 수 없지요. 결과적으로 하는 일마다 전부 뒤죽박죽이 되고 어긋난 느낌이 듭니다. '나 지금 뭐 하고 있지?'라는 생각을 지울 수 없게 됩니다.

정답을 말하자면 어떤 마음의 응어리든 그것을 날려버리려면 '있다고 이해하는 것' 이상의 해결책은 없습니다. '내 마음이 아직 과거에 걸려 있구나'라고 인정할 수 있게 될 때 응어리진 마음이 사라집니다.

애초에 집착이란 반응 뒤 남은 찌꺼기에 불과합니다. 마음 상태이며 물리적으로 존재하지 않습니다. '과거'도, '누군가'도 머릿속에 남아 있는 망상입니다. 가슴이 욱신거리는 것은 망상에 반응하고 있을 뿐이지요. '이렇게 되길 바랐다'는 기대나 바람 역시 망상입니다.

결국 마음에 남은 모든 응어리는 망상임을 깨달아야 합니다.

자유로운 마음과 응어리진 마음

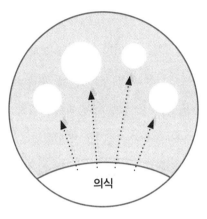

마음은 원래 자유로운 상태

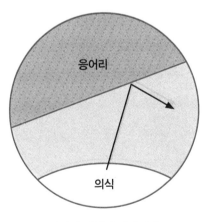

피하면 의식이 제한된다

똑같은 정신 상태가 이어지고 있다는 즉, 망상에 집착하고 있다는 사실을 이해하고 마음 상태를 바꿔 나가면 됩니다.

먼저 눈을 감고 '감각이 있다'고 이해합니다. 마음을 가라앉히면 또다시 '과거'나 '그 사람' 등 봉인해두었던 감정이 되살아나는 것을 느끼게 되겠지요. 그때 '아직 반응하고 있다', '이런 생각이 남아 있었구나', '하지만 전부 망상이다', '집착이라는 마음 상태일 뿐'이라고 다시 생각합니다. 몇 번이고 말이지요.

응어리의 원인이었던 그 무언가에 반응하지 않게 된다면 그때가 바로 과거로부터 졸업하는 날입니다. 과거는 과거, 남은 남, 나는 나, 지금은 지금이라고 생각하세요. 계속 이야기하고 있듯이 '반응하지 않는 것'이 핵심입니다.

망상이라는 상태를 씻어내면 마음은 새로운 상태로 바뀌게 됩니다. 기분이 달라지고, 새로운 인생이 시작됩니다. 아직 시간은 충분합니다. 그 가능성을 믿고 새로운 마음 만들기를 목표로 사티에 힘써봅시다.

일상의 소소한 실천으로 마음을 정갈하게

오늘날 전해지는 '선'禪은 붓다가 발견한 사티를 일상적인 활동으로까지 확장한 개념입니다. 일상의 순간순간마다 마음을 씻는 것이지요. 예를 들면 쌀을 씻을 때는 눈을 감고 물의 차가움, 쌀알의 감촉을 '보는' 것입니다. 감각에만 의식을 집중하고 망상을 섞지 않습니다. 그러면 쌀을 씻기만 해도 마음을 깨끗하게 씻을 수 있습니다.

> 음식을 만들 때는 자기 마음속 구석구석까지 살펴보듯이 마음을 다해 행하라. 저절로 최고의 음식이 만들어진다.
>
> _도겐 선사의 《전좌교훈》典座教訓 중 한 구절, 《선원청규》禪苑淸規

먹을 때도 마음을 다해, 즉 사티를 최대한 작동시켜 먹습니다. 눈을 감고 손의 감각을 확인합니다. '움직이자'고 의식하며 젓가락과 숟가락을 쥔 손을 움직입니다. 음식을 입가로 가져갑니다. 그 동작 하나하나를 잘 살펴보면서(가능하면 눈을 감고 감각만을 관찰하면서) 행합니다. 입에 넣은 음식물의 촉감, 맛, 온기를 눈을 감은 채로 주시합니다. '맛있다', '감사하다'고 의미를 부여해도 좋습니다. 삼키고 맛이 사라진다면 다음 한 숟가락을 뜹니다.

평소에 실천하기에는 상당히 어려운 수행입니다. 별난 사람이라는 오해를 살 수도 있을 테니까 말이죠. 그러니 사티를 작동시켜서 먹는 시간을 따로 정해 실천하도록 합시다. 망상에 빠지지 않고 먹는 행위 자체에 집중해보는 것입니다. 이렇게만 해도 마음은 꽤 정화됩니다.

책상을 닦는 일조차 마음 씻기에 사용할 수 있습니다. 책상 위에 손을 올려두고, 눈을 감고, 손의 감각을 주시해주세요. 어둠이 있고, 손의 감각이 있고, 망상이 없는 그 상태를 유지한 채로 쓱 닦아주세요. 그동안 망상이 솟아나지 않는다면 선명한 마음 상태에 있다는 뜻입니다. '망상을 닦아낸' 셈이지요.

우리가 일상에서 하는 작업들은 몸을 쓰는 일이 대부분입니다. 컴퓨터를 할 때조차 손을 사용하지요. 일하기 직전에 또는 일하는 도중에 눈을 감고 어둠과 손가락의 감각만이 보이는지를 확인해주세요. '감각이 있음을 확인한다. 그다음 사고 모드로 들어간다'. 이렇게 정확하게 의식을 나누어서 쓰는 것입니다. 의식을 어디에 쓰고 있는지 제대로 자각하는 시도만으로도 꽤 선명하고 또렷한 마음을 얻을 수 있습니다.

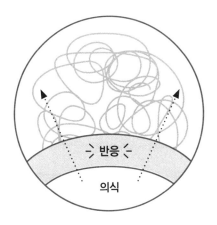

의식을 '반응'에 사용하면 마음이 얼룩진다

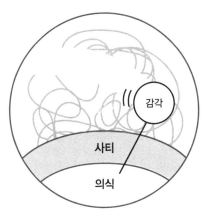

의식을 '감각'에 사용해 얼룩을 닦아낸다

마음은 원래 깨끗한 것이다

살아간다는 것의 의미는 사람마다 다릅니다. 저는 개인적으로 '살아보는 것' 자체만으로도 충분한 의미가 있다고 생각합니다. 어떤 의미를 갖고 살아가든 **우리 모두는 한 가지 확실한 인생의 목적을 갖고 있습니다. 바로 마음의 괴로움을 극복하는 것입니다.**

"하지만 극복하지 못하니까 괴로운 거잖아요."라며 호소하는 사람도 있겠지요. 하지만 과거의 괴로움을 극복하지 못했던 이유는 방법을 몰랐기 때문이 아닐까요?

괴로움을 극복하는 방법은 있습니다. 우리가 사는 동안 그 방법을 몰랐을 뿐이죠. 하지만 그렇기에 더더욱 방법을 찾는 데 힘써야 합니다. 여러분이 아직 모를 뿐이지 방법은 있습니다. 여러분이 지금 읽고 있는 2,500년 이상 축적된 붓다의 가르침이 강력한 방법이 되어줄 것입니다.

괴로움 없는 마음을 목표로 실천해 간다면 굳어 있던 여러분의 마음은 반드시 풀립니다. 가슴의 답답함은 걷히고 얼룩은 씻겨 내려가며 괴어 있던 마음은 술술 흘러가기 시작합니다.

앞에서 마음의 근원에는 의식이라는 에너지가 있다고 이해했지요. 그 의식이 자극을 접해 반응했을 때 괴로움이 만들어집니다. 그 말인즉슨 '반응' 이전의 '의식'에는 아직 괴로움이 없다는 뜻입니다. 거기에 있는 것은 **반응으로 채워져 있지 않은, 괴로움이 생기기 이전의 순수한 에너지이자 깨끗한 마음 상태입니다.**

깨끗한 마음은 더없이 상쾌합니다. 그런 마음의 경지를 불교에서는 '마음속에 부처가 있다'라든가 '일체중생실유불성'一切衆生悉有佛性(모든 사람에게 부처가 될 성품이 깃들어 있다)이라는 말로 표현해왔습니다. '부처'佛란 괴로움이 없는 마음의 경지를 말하며 '불성'佛性이란 그런 경지에 도달할 가능성을 의미합니다. 모든 사람에게 마음, 즉 의식이 있는 이상 괴로움이 없는 마음의 경지에 도달할 가능성은 모두에게 있다는 뜻입니다.

그리고 그 경지에 가까이 가는 길, 즉 방법이 바로 붓다의 가르침입니다. 붓다의 가르침을 이 책에서는 부디즘Buddhism 이라고 부릅니다. 붓다는 이해의 궁극에 도달한 사람을 의미하며 부디즘은 '이해하는 힘을 통해 괴로움을 극복해가는 방법'입니다. 이해하는 힘을 단련해 마음 상태를 바꾸는 것, 괴로움을 무無로 만들어 깨끗한 마음 상태로 바꾸는 것입니다.

붓다의 가르침을 실천하면서 스스로 그 효과를 체험해보도록 합시다. 체험한 사람에게는 눈앞에 보이는 경치부터 달라집니다. '세상이 이렇게 아름답게 보이는 것이었다니!' 하고 눈이 휘

둥그레질 것입니다.

> 스스로 실천하도록 하라.
>
> 도를 성취한 사람(붓다)은 방법을 일러줄 뿐이다.
>
> 만약 실천을 통해 마음을 길러낸다면,
>
> 집착이라는 마음의 마魔로부터 빠져나올 수 있을 것이다.

_〈법집요송경〉

망상의 연쇄 작용을 끊어내는 사티의 힘

무심결에 망상을 해버리고 계속 망상에 사로잡히는 부정적 반응의 연쇄 작용으로 괴로워하는 사람이 많습니다. 그러나 사티의 힘을 통해 그 고리를 끊어버릴 수 있습니다.

저는 여름이면 일본 전국을 행각行脚(돌아다니면서 수행함을 뜻하는 불교 용어—옮긴이)합니다. 그때 만난 한 여성에 대한 이야기를 들려드리겠습니다.

그 여성은 막 50줄에 들어선 참이었습니다. 감정 기복이 심하고 이기적인 부모 밑에서 늘 긴장하며 영문 모를 일로 혼나고 매를 맞는 유소년기를 보낸 사람이었습니다. 부모 사이는 나빴으며 집안에서는 욕설과 폭력이 끊이지 않았습니다. 이런 환경에 있다 보면 마음은 일정한 반응 패턴을 키워 갑니다. 항상 저기압이고 자신을 차갑게 대하는 부모 밑에서 자녀는 '분명 내가 잘못한 거야'라는 판단을 하게 됩니다. 이것이 마음의 버릇이 되어 심술궂은 사람을 만나면 잘못한 것도 없는데 '내가 뭔가 잘못했나 보다'라는 생각부터 합니다. 그런 마음의 버릇은 더욱 제멋대로인 사람에게 좋은 먹이가 됩니다. 정확하게 말하면 상대방이 그 마음의 버릇을 간파하고 악용하는 것이지요. '이 사람은 적당히 이용해도 괜찮다'라는 생각을 심어줍니다.

결과적으로 그 여성 주위에는 제멋대로이며 오만한 사람들이 모여들었습니다. 직장 동료에게 매번 이용당할 뿐만 아니라 자기 남편, 심지어 최근에는 딸한테까지 무시당했다고 합니다. 남편이 아내를 깔보는 모습을 보고 딸이 그대로 배운 것이지요. 그러나 여성 스스로 '그래요, 전부 제 잘못이에요'라고 굳게 믿고 있다 보니 이 부조리한 관계를 빠져나올 수 없었습니다.

객관적으로 보면 여성은 지극히 평범한 성인이었습니다. 자신을 비하할 이유는 어디에도 없었지요. 그러나 저와 한창 이야기하는 중에도 그 여성은 몇 번이나 "저는 안 될 거예요."라고 말했습니다. 저는 다음과 같이 전했습니다.

- '저는 안 될 거예요'라는 말을 하지 않는다.
- 만약 말을 뱉었다면 '이것이 마음의 버릇이구나' 하고 자각한다.
- '나는 나를 긍정한다'는 말로 바꿔 말한다.
- '천보선'을 일과에 넣는다.

천보선千步禪이란 걷는 사티의 변주입니다. 한 걸음을 1로 하고 1,000까지 세면서 걷는 수행이지요. 사람의 마음은 망상으로 흘러가기 쉬우므로 긴장을 풀면 '앗, 몇 걸음째였지?' 하고 숫자를 잊어버리기 십상입니다. 잊어버렸다면 1부터 다시 셉니다.

이 연습은 스트레스와 잡념을 씻어내는 데 매우 효과적입니다. 도중에 망상이 솟아나도 신경 쓰지 않습니다. 거기서 멈춰봤자 망상에 빠진 자신으로 돌아올 뿐입니다. 망상이 있든 없든 무작정 걷습니다. 그렇게 감각을 의식하는 시간을 늘려 갑니다.

여름이 지난 뒤 여성은 문자로 근황을 알려왔습니다. "자신을 부정하는 버릇을 깨닫자 직장에서 이용당하는 일이 조금씩 줄었어요."라고 기뻐합니다. 하지만 그러면서도 여전히 "이렇게 사소한 일로 고민한다니 참 기가 막힐 노릇이지요."라거나 "역시 저는 안 되는 사람인가 봐요."라고도 말했습니다. 아직도 '이런 나를 받아주세요'라는 바람이 충족되지 않은 채 망상으로 돌아가고 있는 상태입니다. 그러니 굳이 자신을 비하함으로써 '그럴 일은 없어요'라고 위로받고 싶은 것이지요.

그러나 붓다의 가르침은 '올바른 이해'만을 전합니다. 비위를 맞춰주는 말이 아닌, 이해에 기반한 말만을 전합니다. 저는 그때와 다름없이 "자신을 부정하는 마음의 버릇을 깨달으십시오."라고 전했습니다. 평생 자신을 부정하며 살아온 사람에게 이는 어려운 여정임을 잘 알고 있다 보니 이런 말을 전하는 데는 아픔도 따릅니다. **그러나 똑같은 자리에 머물러 있으면 평생 달라지는 것은 없습니다. '현재의 자신'으로 인생의 마지막을 보내고 싶은지 생각해봅시다.** 자신을 바꾸기를 원한다면 마음의 버릇에서 빠져나오는 연습을 거듭하는 수밖에 없습니다. 일단 걷는 수밖에 없는 것이지요. 그 뒤로도 여성은 몇 번이고 주저앉으면서도 천보선을 계속했습니다. 어느 날 여성이 이런 문자를 보내왔습니다.

"도중에 숫자를 까먹어서 몇 번이고 다시 했어요. 겨우 처음으로 천 걸음을 다 세었을 때 고민의 씨앗이었던 상대방에 관한 일은 머릿속에서 사라진 상태였지요. 이상하리만치 말끔하게 사라져 있었습니다. 천보선을 시작하기 전의 초조함도 완전히 없어진 상태였어요. 바로 이런 거구나, 하고 실감했습니다."

변화의 시작이었습니다. 이제까지의 자신을 뛰어넘을 새로운 가능성이 조금 보였다는 기쁨이 그대로 전해져 왔습니다.

"세상에는 어쩔 수 없는 사람이 있지요. 저도 그중 한 명이었습니다. 하지만 거기서 빠져나올 수만 있다면 그러고 싶어요. 앞을 향해 평온하게 나아가고 싶어요."

그런 목소리도 들리는 듯했습니다. 아주 조금이나마 자기 자신에 대해 거리를 두고 보기 시작한 모양입니다. 새로운 인생을 향한 발걸음을 내딛고 있다는 희망이 보였습니다.

물론 마음을 씻는 여정에 전진만 있지는 않습니다. 도중에 길을 잃거나 원래 자리로 돌아오기도 할 것입니다. 다만 그것은 자연스러운 현상입니다. 새로운 길을 걷기 시작한 사람이라면 모두 경험하는 일이지요. 중요한 것은 괴로움에 사로잡혔을 때 올바른 방법을 떠올릴 수 있느냐입니다.

긴장을 풀면 망상이 슬그머니 다가옵니다. 따라서 사티를 계속 작동시켜야 합니다. 사티의 힘은 매우 강력해서 잔가지와 시든 잎을 뭉떵뭉떵 쳐내는 예리한 날붙이와도 같습니다. 진지하게 임한다면 과거에 입은 마음의 상처도, 미래에 대한 두려움도,

자신을 괴롭히는 마음의 버릇도 모조리 잘라내버릴 수 있습니다.

먼저 걷기부터 시작하세요. 발바닥의 감각을 주시하고, 체중을 제대로 싣습니다. 그리고 눈을 크게 뜨고 바깥으로 나가 대지를 느끼고, 가끔은 드넓은 하늘을 바라보면서 계속 걸어보세요. 계절의 변화도, 바람의 냄새도, 태양의 눈부심도, 의식을 사용해 받아들인다면 맑디맑은 마음을 향해 가는 길로 손짓해줄 것입니다.

걱정하지 마세요. '과거의 나'를 빠져나오는 순간은 반드시 찾아올 테니까요.

새로운 길을 가고, 그 모습을 살펴보라.

괴로움으로 유혹하던 마음의 씨앗은 완전히 사라지고 말았다.

_앙굴리말라의 고백, 《장로게경》長老偈經

섣불리 반응하면 괴로움이 흘러듭니다.
외부와 나 사이에 명확한 경계선을 긋고
남에게 휘둘리지 않도록 하세요.

제3장

온전한 나의 영역에
머무르는 동안

마음의 안과 밖 사이에
확실한 선을 긋는다

우리의 일상은 마음을 괴롭히는 것들에 둘러싸여 있습니다. 꼼수가 버젓이 통용되는 세상, 뜻대로 움직여주지 않는 상대방, 일상 속 자잘한 스트레스, 가짜뉴스와 선동으로 가득한 인터넷 등 수많은 것들에 이리 휘둘리고 저리 휘둘리며 살지요.

그런데 곰곰이 생각해보면 마음이 괴로운 것은 바깥세상 때문만은 아닙니다. 안절부절 침착하지 못하고, 생각이 정리되지 않고, 금방 반응해버리는 '마음'도 문제입니다.

만약 여러분이 뭔가에 휘둘리고 있다고 느낀다면 그 이유는 무엇일까요? 바깥세상과 상대방 탓일까요? 아니면 자신의 나약한 마음 때문일까요? 양쪽 모두 맞는 말 같으면서도 정답에서는 약간 벗어났습니다. 진짜 이유는 바로 '마음이 새어나오고 있기' 때문입니다.

온종일 누출된 현대인의 삶

마음의 새어나옴이란 반응할 필요 없는 바깥 일에 무심코 반응해버리고 마는 현상을 뜻합니다. 앞 사람이 거치적거려 그만 짜증을 내고, 아무 생각 없이 스마트폰에 손이 가고, 넌덜머리 나는 과거를 떠올리고, 남에게 질투를 느끼는 것. 이런 모습은 필요 없는 일들에 반응한 상태입니다.

　이것이 바로 마음의 새어나옴, 즉 '의식의 누출'입니다. 불교 세계에서는 '마음을 누출시키지 말라'는 말을 자주 사용합니다. 원시 불전에도 '누(루)'漏라는 단어가 자주 등장합니다. 이 책에 나오는 '반응'이라는 말은 사실 불교 용어인 '유루'有漏를 현대어로 번역한 것입니다.

　사람의 마음은 매일같이 반응하고 누출되고 있습니다. 스마트폰에 누출되고, 남의 말에 누출되고, 가십거리에 누출되고, 반값 세일에 누출되고 있지요. 그 결과 화내고, 망상하고, 소문과 험담에 무심코 동조합니다. 온종일 마음이 누출되는 상태라 해도 과언이 아닙니다.

이런 상태에서 마음이 차분해질 리 없습니다. 집중이 되지도 않고 생각할 수도 없습니다. 기운이 날 리도 없습니다. 가령 1초에 하나의 반응을 한다고 치면 우리는 하루에 얼마만큼 반응하고 있는 것일까요? 그중 얼마만큼이 의미 있는 반응이며 얼마만큼이 마음의 누출(쓸데없는 반응)일까요? 한 번쯤 진지하게 점검할 필요가 있습니다.

만약 접시에 구멍이 뚫려 있다면 구멍을 막지 않고서는 사용할 수 없지요. 마음도 마찬가지로 누출을 막는 것이 첫걸음입니다. 그러니 '마음의 구멍을 막는' 연습부터 시작합시다.

자신의 영역과 망상 영역을 구별한다

먼저 다시 한번 눈을 감아주세요. 그대로 양 손바닥을 바라봅니다. 꽉 쥐었다가 쫙 펴보세요. 그리고 이렇게 생각합니다.

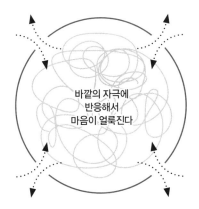

마음이 누출되고 있는 상태

'몸의 감각'으로 구분 짓기

- '이 손을 사용해서 할 수 있는 것만이 나의 마음 영역이다.'
- '이 손이 닿지 않는 바깥 세계는 나의 영역 밖, 즉 망상 영역이다.'

중요한 표현이 두 가지 나왔습니다. 바로 '마음 영역'과 '망상 영역'입니다. '마음 영역'이란 실제로 손을 사용해서 할 수 있는 일의 범위를 말합니다. 이 손과 이 몸을 써서 움직일 수 있는 범위만이 자신의 영역입니다. 눈을 감고 전신의 감각을 느껴보세요. 그것이 바로 자신의 영역입니다.

한편 몸의 감각 바깥쪽은 자신이 직접 움직일 수 없는 망상 영역입니다. 곁에 있는 누군가도, 세상도, 모두 망상 영역에 속합니다. 왜냐하면 사티 부분에서 경험했듯이 눈을 감아도 여전히 보이는 것은 내 몸의 감각과 어둠뿐이기 때문입니다. 그 이외에 뭔가가 보이고 있다(느껴진다)면 망상인 셈입니다. 사람도, 세상도 눈을 감으면 보이지 않습니다. 그렇다면 이것들은 자신에게 있어 망상과 다를 바 없습니다. 그런 의미에서 '망상 영역에 속한다'고 이해하면 됩니다.

'하지만 가족이나 일처럼 이미 내 인생의 일부가 된 것도 있지 않습니까? 이건 망상이 아니라 현실 아닌가요?'라는 의문이 들지도 모릅니다. 이렇게 생각해주세요. '손'은 움직일 수 있지만

'사람'과 '일'은 생각만으로는 물리적으로 움직일 수 없다고요. 그런데 마음 어딘가에서 '자기 생각대로 움직일 수 있다'고 기대 (망상)하고 있습니다. 그러니 반응하고 마는 것입니다.

말하자면 **우리는 망상을 바깥 세계에 투영하고 있습니다. 그러니 바깥 세계가 움직였을 때 자신의 망상이 통째로 흔들리는 것입니다.** 이때 생겨나는 것이 바로 스트레스와 동요입니다. 현실과 망상, 자신이 움직일 수 있는 범위와 움직일 수 없는 범위를 구별하지 못했기 때문에 일어나는 반응입니다.

그래서 양쪽을 따로 떼어놓고 '자신의 영역'을 확실히 정할 필요가 있습니다. 내가 움직일 수 있는 것은 이 손이 닿는 범위뿐, 그 밖에는 반응하지 않습니다. 마음을 누출시키지 않습니다.

이것이 바로 바깥 세계에 휘둘리지 않는 마음가짐의 기본입니다.

소리가 사라질 때까지 기다릴 수 있는가?

———

자신의 영역에 머물러 마음을 바깥에 누출시키지 않는 상태를 불교에서는 '정신 통일'이라고 표현합니다. **몸의 안쪽을 구석구**

석까지 주시해(사티를 작동시켜) 무엇이 있는지를 알면서도 망상 영역에 확실한 선을 긋고 바깥에 반응하지 않는 것. 그것이 바로 통일된 정신 상태입니다.

가령 눈을 감았는데 방울 소리가 났다고 치겠습니다. 어둠 속에 소리가 퍼지겠지요. 그 소리를 주시합니다. '이게 들리고 있다는 상태구나'라고 이해합니다. 이해할 뿐 반응하지 않습니다. 누출시키지 않습니다. 이윽고 소리는 사라지고 어둠만이 남습니다. '소리가 사라졌다. 어둠이 보이고 있다'고 확인합니다. 여기서도 마음은 누출되지 않습니다.

이해하는 데서 머무는 누출이 없는 상태, '들리고 있지만 반응하지 않는다. 그저 이해한다'가 사티의 가장 단순한 모습입니다. 이를 실천하는 것이 이른바 명상과 좌선이지요.

'이해'에서 멈추면 스트레스는 쌓이지 않는다

───────

이번에는 사람들과의 관계에서 마음을 누출시키지 않는 법을 연습해봅시다. 예를 들어 누군가에게 말로 공격받았다고 해봅시다. 불쾌한 말, 노골적인 비난, 깔보는 시선으로 내뱉는 설교와

위압적인 말 등으로요. 아까 이야기했듯 바깥 세계는 망상 영역입니다. 눈을 감으면 상대방의 모습은 보이지 않지요. 들리는 것은 사람의 목소리, 즉 소리입니다. '어둠 속에 소리가 울리고 있다'는 점에서는 방울 소리와 다를 바 없습니다. 그러니 '들리고 있다'고 그저 이해합니다. 소리가 그대로 사라져 갈 때까지 '들리고 있다'고 이해하는 데서 머문다면 스트레스는 쌓이지 않습니다.

이 '이해할 뿐 반응하지 않기'의 달인이었던 사람이 바로 붓다입니다. 일찍이 자신을 향해 적대감 가득한 말을 쏟아내는 바라문(인도 카스트 제도에서 가장 높은 계급—옮긴이)을 향해 붓다는 이렇게 대답했다고 합니다.

> 나는 자네가 내어준 것, 자네의 생각, 말, 감정 모두 받아들이지 않겠다.
> 자네의 말은 자네만의 몫이다.
> 그대로 들고 돌아가도록 하라.
>
> _매도하는 바라문과의 대치, 《잡아함경》

상대방이 무엇을 생각하든 또 말하든 간에 이쪽이 반응하지 않으면 그건 '상대방의 소유물'이라는 뜻입니다. 그렇다면 머나먼 별을 바라보듯이 '보이고 있다', '들리고 있다'고 이해하는 것만으로도 충분합니다.

하지만 현실은 그렇지 않지요. 현실은 너무나 허무하게 누출되고 마는 경우가 대부분입니다. '당신은 어리석다'는 말을 들으면 '뭐? 내가 어리석다고?', '기분 나빠!', '화가 나!'라고 반응하고 맙니다.

상대방에게 동요하지 않는 마음 순서

이런 반응을 멈추려면 어쨌든 자신의 마음이 어떻게 움직이는지 살펴봐야 합니다.

실제로 확인해볼까요? 어떤 말을 듣고 화가 나기 전까지 마음의 움직임을 반응(누출)의 정도에 따라 나열해보겠습니다.

① 뭔가 말하고 있는 것 같다, 들리고는 있다. → 하지만 반응하지 않는다.

② 무슨 말을 하는지 알겠다, 이해는 할 수 있다. → 하지만 반응

하지 않는다.

③ 말의 의미를 생각했다, 그 의미에 반응했다. → 인정욕구가 반응해서 분노가 솟아났다. 말의 의미가 마음에 남았다.

④ 그 일을 나중에 떠올렸다. → 기억에 반응해 똑같은 감정과 생각이 되살아났다.

②단계까지는 마음이 누출되고 있지 않은 상태입니다. 들리고, 이해하는 단계입니다. 상대방의 말은 그저 소리이고 상대방의 생각은 망상 영역입니다. '뭔가 망상하고 있구나'로 끝내버리면 됩니다. 붓다라면 여기서 생각을 끝냈겠지요.

하지만 대부분의 사람들이 순식간에 ③까지 가버립니다. '아니, 뭐라고?' 하며 상대방이 한 말의 의미를 파고듭니다. 태생적인 인정욕구가 가동해 분노가 솟아납니다. 더 인정받고 싶은 욕구가 강한 사람이라면 알려주고 싶고 알아주었으면 좋겠다는 마음에 한층 더 강하게 반응합니다. 격앙되고, 침울해지고, 심통을 부리고, 푸념하고, 한탄합니다. '누출' 차원을 넘어선 '붕괴'가 일어나지요.

③의 반응 수준에 따라 ④의 기억에 반응하는 수준도 달라집니다. 강하게 반응할수록 기억에 깊게 각인됩니다. 새겨진 기억

에 나중에 또다시 인정받고 싶다는 욕구로 반응했을 때 똑같은 분노와 슬픔이 되살아나는 것입니다.

이 순서로 보면 상대방에게 마음을 누출시키지 않는 대책으로 세 가지를 생각해볼 수 있습니다. 첫째는 '나의 영역과 바깥 영역에 확실한 선을 긋는 것'입니다. 이는 의식을 자신의 영역 안에 머물게 함으로써 상대방을 향한 반응에 사용하지 않는 것입니다. 둘째는 '들린다, 이해할 수 있다'는 마음만을 가지는 것입니다. 이는 앞서 '방울 소리'로 확인했듯이 사티의 실천, 즉 있다고 이해하는 연습을 거듭함으로써 가능해집니다. 셋째는 반응으로 생겨난 감정과 기억을 빨리 씻어내는 것입니다. 이는 부득이하게 마음이 누출됐을 때의 사후 대책입니다. 제2장에서 공부했지요.

첫째의 '선 긋기'를 실천하는 방법은 다음과 같습니다. 누군가와 마주할 때는 마음속에서 다음과 같은 훈련을 하도록 합시다.

① 먼저 발바닥 감각에 의식을 집중한다.

② 가슴 주변으로 의식의 흐름을 옮긴다. 가슴에서 울리는 고동을 확인한다. 긴장이나 분노, 두려움 등이 느껴지지 않는지 체크한다. '자신의 영역 안쪽을 보는' 상태를 고수하기 위해 노력한다.

③ 그 상태를 유지하면서 '나머지 의식'을 눈앞의 상대방에게 돌린다. '들린다', '말의 의미를 이해할 수 있다'는 상태를 유지한다.

이른바 마음의 뒤쪽 반을 자신의 반응을 살피는 데 사용하면서, 마음의 앞쪽 반은 상대방을 이해하는 데 사용하는 방법입니다.

이 마음 사용법을 한 사람과 보내는 시간에 시뮬레이션해보세요. 눈을 감고 ① 발바닥 감각에 집중한 후 → ② 가슴의 고동을 확인하고 → ③ 그 상태를 유지하면서 눈앞의 상대방을 이해합니다. 물론 상대방과 나 사이에 선을 긋고 사람을 마주하는 게 쉽지는 않을 겁니다. "해보니 너무 어렵다."는 말을 자주 듣곤 합니다. 대개 "나를 보면 상대방이 보이지 않고, 상대방을 보면 내 반응을 살필 형편이 안 된다."고 토로합니다.

당연히 처음에는 그럴 수 있습니다. 너무 어렵게 느껴진다면 내심 자기방어 논리를 생각하고 있지는 않은지, 인정욕구로 과잉 반응하고 있지는 않은지, '분명 상대방은 이러이러할 거야'라고 넘겨짚고 있지는 않은지 한번 되돌아봅시다. 이런 반응 대신 발바닥을 보고, 가슴 주변을 확인하고, 상대방을 그저 이해하면 그만입니다. 이해라고 했지만 여기서는 사티, 즉 '존재하는 것을 존재한다고 알고 있는' 수준이면 충분합니다.

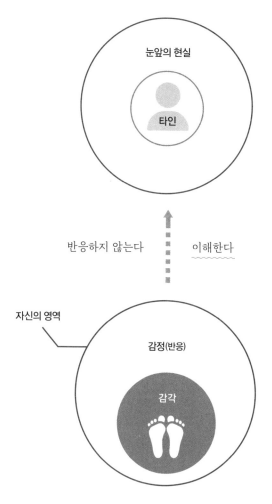

자신의 영역 안쪽에 의식을 머물게 한다

어쩌면 여러분이 상상하는 것 이상으로 간단하고 편한 마주하기 방법일지도 모릅니다. 일단 한번 연습해보면 어떨까요?

사티를 작동시켜 마음을 누출시키지 말라.

지혜를 가지고 바깥 일에 반응하지 말라.

올바른 마음가짐을 통해 스스로의 안쪽에 머무는 자는,

현실에 동요하지 않고 언제나 청정한 경지에 있을 수 있다.

_〈잡아함경〉

관계의 기준을 세워
자신을 지킨다

어디까지가 나의 영역인지 확실히 구별한 다음에는 바깥 세계 (망상 영역)와 마주하는 방식을 확립해 나가야 합니다.

부디 오해하지 않길 바랍니다. 바깥 세계와 선을 긋고 반응하지 않는다는 말은 상대방을 거부하거나 관심을 꺼버리겠다는 뜻이 아닙니다. 이는 '휘둘리지 않기' 위한 전제입니다. **자신의 영역에 머물고 마음을 쓸데없는 데 사용하지 않는 것. 자신을 확실히 지키는 것. 그런 다음 명확한 기준을 갖고 주체적으로 다른 사람과 관계해 나가는 것이 핵심입니다.**

그렇다면 바깥의 어떤 사람, 사물, 정보와 어떻게 관계해 나가면 좋을까요? 지금부터 관계 방식의 기준을 세워보기로 합시다.

행동, 시간, 이로움에 대해 생각한다

언젠가 중소기업 사장인 어느 50대 남성이 저에게 상담을 받으러 왔습니다. 직원 수십 명을 두고 있으며 개인적으로도 상당한 노력파였던 그는 책과 신문, 인터넷 뉴스를 보며 항상 공부를 게을리하지 않던 사람이었습니다. 그는 "불안감이 심해 밤에 잠이 안 옵니다. 땀에 흠뻑 젖어 벌떡 일어난 적도 있어요."라며 저에게 고민을 털어놓았습니다. 이유를 물어보니 "하루하루 매출이 신경 쓰이고 앞으로 잘될지 불안해요. 경쟁사들도 신경 쓰이고 매일 업데이트되는 뉴스를 접하다 보니 미래가 걱정되어 견딜 수 없어요."라고 말했습니다.

이런 고민은 일을 떠안고 사는 사람, 특히 흔히 말하는 '책임의식이 높은' 사람에게 매우 많이 나타납니다. 이 남성은 회사와 직원에 대한 책임감, 업계에서 살아남을 수 있을지에 대한 위기감, 또 끊임없이 날아드는 최신 정보에 선동되어 마음의 안정을 완전히 잃어버린 상태였습니다. 말하자면 '자신의 영역'을 완전히 잃어버린 모습이었습니다.

사람 사이의 관계라면 몸의 감각을 통해 자신의 영역을 확인하고 상대방에게는 '반응하지 않고 이해한다'는 마주하기 방법으로 대응할 수 있습니다. 그러나 이 남성처럼 비즈니스 세계에서 성과를 내야 하고 정보도 파악해야 하는 입장이라면 자신의 영역을 더욱 명확히 할 필요가 있습니다. '이것으로 나의 영역을 압축해놓는다'는 기준을 세워두는 것입니다.

어떻게 해야 나의 영역을 명확히 할 수 있을까요? **영역을 구분할 때는 세 가지 기준을 세울 필요가 있습니다. 바로 행동, 시간, 이로움(가치 있는 일)입니다.**

첫 번째 '행동'이란 자기 몸을 사용해 실제로 하고 있는 일, 할 수 있는 일을 뜻합니다. 몸을 사용해 할 수 없는 범위의 일은 앞서 확인한 대로 망상 영역에 불과합니다. 망상 영역에 마음을 사용해봤자 의미가 없습니다. 망상 영역을 굳이 좇으려 하지 말고 실제로 할 수 있는 행동을 실천으로 옮기는 것이 더 중요합니다.

"매출이라든지 앞으로 잘될지와 같은 불안감은 모두 망상일 뿐입니다."라고 제가 말하니 남성은 매우 놀라워했습니다. 많은 사람들이 '성과'를 기대하지만, 그것은 미래의 일이며 '현실에 존재하지 않는 망상'에 불과합니다. 그보다는 성과를 내기 위해 내 손과 발을 사용해서 지금 무엇을 할 수 있는지에 집중하세요. 실천할 수 있는, 행동할 수 있는 수준에서 현실을 파악하지 않으면 괴로움의 원인이 되는 망상으로 흘러가고 맙니다.

두 번째 '시간'이란 가치 있는 일에 사용할 수 있는 실질적인 시간을 의미합니다. '가치가 있다'는 달리 말해 일이 앞을 향해 나아가고 자신에게 중요한가를 뜻합니다. 그런 일에 사용할 수 있는 시간은 과연 얼마나 있을까요? 실제로 스톱워치로 재보면 하루 중에 정말로 가치 있는 시간은 놀랄 만큼 적다는 사실을 깨달을 것입니다.

애초에 물리적인 시간은 한정되어 있습니다. 하루는 24시간, 업무 시간은 기본 8시간입니다. 식사가 조금 길어지거나 스마트폰을 만지작거리거다 보면 시간은 순식간에 줄어들고 맙니다. 가치 없다고 생각되는 많은 일에 우리는 시간을 사용하고 있죠. 게다가 마음을 누출시키는(반응하거나 망상하는) 동안에 시간은 더욱더 줄어듭니다. 얼마만큼 가치 있는 시간을 보내고 있는지 제대로 의식할 필요가 있습니다.

우리가 하루에 쓸 수 있는 시간은 의외로 적습니다. 그중 가치 있는 시간은 더욱 적습니다. 그렇게 기억해둡시다.

가치 있는 관계와 그렇지 않은 관계를 구분한다

———————

행동, 시간과 더불어 또 한 가지 중요한 의미를 지니는 기준이
바로 세 번째 '이로움', 즉 가치 있는 일입니다.

우리가 관계하는 바깥 세계의 사람과 사물, 정보에는 가치 있
는 것과 없는 것이 뒤섞여 있습니다. 자신 외에 이를 분간할 수
있는 사람은 존재하지 않지요.

만약 이로움이라는 기준을 세우지 않으면 어떻게 될까요? 쓸
데없는 많은 자극에 마음을 노출시키게 됩니다. 독으로 가득한
정보와 자극이 넘쳐나는 오늘날의 환경은 그 위험성이 말할 필
요도 없이 너무 높습니다. 앞에서 이야기한 '책임감 강하고 노력
파'인 중소기업 사장이 떠안고 있는 불안감과 초조함, 스트레스
는 그야말로 바깥 세계에 무방비로 마음을 노출시켜 대량의 독
을 끌어안은 결과입니다.

그래서 자신의 영역을 확실히 정하고자 이로움이라는 기준을
하나 더 세워두는 것이지요. '이롭다'의 의미를 구체화하면 다음
과 같습니다.

① 방향성, 즉 지향하는 목표로 이어진다.

② 목표를 달성하는 데 방법적으로 도움이 된다.

③ 동기부여가 되고 의욕과 활력이 솟는다.

④ 누군가에게 도움을 줄 수 있다. 타인에게 좋은 영향을 끼친다.

⑤ 가치를 창조한다. 가치 있는 유산을 남긴다.

한편, 이롭지 않은 것은 다음과 같습니다.

① 방향성, 지향하는 목표로 이어지지 않는다. 방향성과 관계가 없다.

② 목표를 달성하는 데 방법적으로 도움이 되지 않는다.

③ 동기부여가 되지 않는다. 의욕이 떨어진다.

④ 누군가를 괴롭게 한다.

⑤ 가치 있는 것을 얻을 수 없다. 아무것도 남지 않는다.

이런 기준으로 바깥 세계를 다시 보면 가치 있는 것보다 가치 없는 것이 상당히 많다는 사실이 보이게 됩니다. **정말로 가치 있는 것인지, 지향하는 목표로 이어지는지, 방법적으로 도움이 되는지, 나중에 의미를 남길지를 생각해보세요.**

이로움이라는 표현은 단순하지만 사람과의 관계, 일하는 방식, 시간을 보내는 방법, 매일같이 날아드는 정보와 마주하는 방법 등 인생 전체와 관련이 깊은 매우 중요한 기준입니다.

좋은 관계의 조건은 진실하면서도 이로운 것

붓다는 또 한 가지 '진실할 것'을 중요히 여겼습니다. 진실하면서도 이로운 것을 관계의 조건으로 삼은 것입니다. 진실하지 않은 것과는 관계하지 않는다는 태도를 명확히 했습니다.

진실하다truthful는 말은 거짓이 없다는 뜻입니다. 다른 사람이 하는 거짓말이나 망상 수준의 말, 예를 들면 소문이나 비평, 추측, 의심, 단순한 험담 등을 좇지 않는 것입니다.

사람은 다른 사람에 관해 아는 척하기를 매우 좋아합니다. 더군다나 욕망과 악의에 기반해 망상하고 싶어 하므로 무심결에 남을 부정적으로 말하기 쉽습니다. 그러나 진실은 당사자밖에 모르는 법입니다. 사람에 대한 존중도 중요하게 여겨야 하지요. 다른 사람의 일은 애초에 자신하고는 전혀 관계가 없기도 합니다. 진실인지 아닌지 분명치 않은 데다 자신과 관계가 없는 일, 더군다나 마음이 오염되는 일이지요. 그러므로 완전한 마음의 누출에 해당합니다.

따라서 '진실이 아니고', '남 일에 불과하며', '망상 수준밖에 안되는' 일에는 애초에 눈길을 주지 않는 것이 정답입니다. 가령 그런 사람, 사물, 정보를 접할 기회가 있어도 '이것은 진실이 아니다. 망상에 불과하다'라고 이해하고 흘려보내면 그만입니다. 반응하지 말고 자신의 영역과 선을 긋는 것입니다.

진실에는 또 한 가지 중요한 의미가 있습니다. 바로 다른 '사람의 괴로움을 허용하지 않는' 것입니다.

누군가의 오만함이나 욕망으로 인해 어떤 사람이 상처 입거나 고통받고 있는 경우에는 진실을 지킬 필요가 생깁니다. 자신의 영역에 머물면서도 때로는 의연하게 주장해야 할 때, 혹은 다투어야 할 때도 있는 법이지요. 이는 누군가를 괴로움으로부터 구해내기 위함입니다. 불교적으로 말하면 비심悲心, 즉 타인의 괴로움을 헤아리는 데에 따른 선택입니다. 사람을 괴롭게 해서는 안 됩니다. 사람이 괴로워해서는 안 됩니다.

만약 여러분 주변에 상처 입은 사람, 괴로움을 강요당하고 있는 사람이 있다면 되도록 '내게 당신의 힘든 상황이 전해져요', '잘 알고 있어요'라는 신호를 보내주세요. 각자가 할 수 있는 일에는 한계가 있는 법입니다. 하지만 진실을 말하든, 진실을 보여

주는 행동에 나서든, '나는 진실을 알고 있어요'라고 전하면 그렇게만 해도 구원받는 사람은 반드시 나옵니다.

성실할 것. 괴로워하는 사람에 대한 공감을 잊지 말 것. 이는 자신의 존재 이유에 자긍심을 갖기 위해서라도 중요한 마음가짐이 아닐까요?

정리해봅시다. 몸을 사용해서 할 수 있는 일의 범위가 자신의 영역입니다. 자신의 영역에 머물면서 바깥 세계와 관계합니다. 어떻게 관계할지는 행동, 시간, 이로움이라는 기준을 세워 정합니다. 진실인지 아닌지는 가치를 판가름하는 중요한 바로미터가 됩니다. 이런 기준에 비추어 '자신의 영역 바깥'에 있는 것에는 마음을 향하지 않습니다. 관계하지 않습니다.

거듭 강조하지만, 스마트폰 하나만으로 독과 약, 둘 다 흘러드는 시대입니다. 이에 대한 명확한 기준을 세워서 마주하지 않는다면 마음을 누출시켜서 오염과 혼란, 소모를 초래하고 맙니다. 자신의 마음은 스스로 지켜야 합니다.

앞에서 이야기한 남성은 그 뒤로 스마트폰 사용 시간을 대폭 줄였다고 합니다. 신문과 책은 읽지만 "이것은 유익한가, 나중에 무엇이라도 남는가?"하며 항상 자문하게 됐다고 합니다. "차분하게 따져보니 너무나 쓸데없는 것을 좇고 있었다는 사실을 알게 되었습니다."라고도 말했습니다. 마음에 여유가 생겨나니 밤에도 안심하고 잠들 수 있게 되었고, 가족과 직원도 차분한 마음으로 마주하게 되었다고 합니다.

이렇게까지 극적으로 달라진 가장 큰 이유가 무엇이냐고 물었더니 "망상이 줄어든 거죠."라며 웃으면서 대답해주었습니다.

바다를 향해 흘러가는 통나무처럼

언젠가 붓다는 갠지스강에 흘러가는 커다란 통나무를 가리키며 수행자들에게 이렇게 말했습니다.

도를 따르는 자들이여. 만약 저 통나무가 이쪽 기슭에도 건너편 기슭에도 닿지 않고, 도중에 가라앉지 않고, 강 가운데 모래톱에 떠밀려 올라가지 않고, 남에게 빼앗기지 않고, 소용돌이에 휘말리지 않고, 썩어 문드러지지도 않는다면, 바다를 향해 계속해서 흘러가 이윽고 바다에 도달할 것이다.

어째서 그렇다고 생각하는가? 강은 바다를 향해 흐르고, 바다에 이어져 있기 때문이다.

사람도 저 통나무처럼 깨달음을 향해 갈 수 있다면 이윽고 도달할 것이다.

_흘러가는 통나무, 《잡아함경》

이 문장은 탁월한 비유로 가득합니다. '이쪽 기슭'이란 자신의 육체이며 '건너편 기슭'이란 오감의 쾌락을 뜻합니다. '양쪽 기슭에 닿지 않는다'란 쾌락에 휘둘리지 않는 것을 의미합니다. '도중에 가라앉는다'란 앞으로 나아가기를 포기하는 것, '모래톱에 떠밀려 올라간다'란 자기가 옳다고 믿으며 자기만 뛰어나다는 '만(자의식)'에 사로잡히는 것입니다. '남에게 빼앗긴다'란 타인의 일에 휘둘리는 것, '소용돌이에 휘말린다'란 욕망과 집착에 사로잡혀 옴짝달싹할 수 없게 되는 것, '썩어 문드러지다'란 자신의 나약함에 패배하는 것을 말합니다.

'이건 내 얘기인데?' 싶어 마음 한구석이 찔리고 그래서 언짢게 느껴질지도 모르겠습니다. **하지만 붓다가 전하고자 한 바는 '바다', 즉 자신이 지향하는 바를 잊지 않고 계속 나아간다면 반드시 목표점에 도달할 수 있다는 격려입니다.**

지향하는 방향은 사람마다 다릅니다. 불교 세계에서 지향하는 방향은 '깨달음', 즉 올바른 이해에 근거해 괴로움으로부터 해방

되는 것입니다. 사람에 따라서는 서로 잘 이해할 수 있는 인간관계라든지 업무나 성적 향상, 쾌적한 삶 등이 될 수도 있겠습니다. 붓다가 한 말은 그게 무엇이 됐든 자신이 어디를 향해 흘러가고 있는지, 이 방향이 틀림없는지, 자신이 흘러가야 할 목표점인 '바다'를 항상 기억하라는 뜻이지요.

그 목표에 도달하려면 무엇이 필요할까요? 바로 '어딘가에 걸리지 않는' 것입니다. 다시 말해 반응하지 않고 집착하지 않는 것이죠. 올바른 방향으로 나아가는 데 방해되는 가치 없는 일들에 구애받지 않는 것입니다.

흘러가는 통나무란 자신의 영역 그 자체를 뜻합니다. 자신의 영역을 제대로 지켜 바깥 세계에 마음을 누출시키지 마세요. 기슭에 걸렸을 때는 자신의 모습을 깨닫고 기슭에서 떨어지세요. 즉, 집착을 내려놓고 자유로운 마음으로 돌아오는 것입니다. 그리고 다시 한 번 올바른 방향으로 흘러가길 바랍니다.

이런 마음가짐을 잊지 않는다면 이제 남은 것은 바다를 향해 흘러가는 일뿐입니다. 매일매일 조금씩 나아가다 보면 어느새 목표점에 가까워져 있는 당신을 발견하게 될 것입니다.

동요하고 때로는 무너져도 괜찮습니다.
마음은 다시 세울 수 있으니까요.
어떤 상황에서든 갈팡질팡하지 않는
굳건한 마음을 기릅시다.

제4장

무너진 마음을 다시
바로 세우게 되고

지나간 일에
후회하지 않는다

매일매일을 살아가다 보면 별의별 일이 다 생깁니다. 나만의 영역에 머물겠다고 아무리 마음을 굳게 먹어도 역시 동요할 일은 생기고 마는 법이지요. 우리 가까이 있으면서 마음을 동요시키는 것은 적어도 세 가지가 있습니다. 하나는 사람, 다른 하나는 주위 환경, 나머지 하나는 '바라지 않았던 일'입니다.

　타인과 환경에 동요하지 않는 요령은 앞에서 정리했습니다. 자신의 영역과 바깥 영역을 구별하고 관계의 기준을 세워 마주하는 것이었지요. 남은 것은 바라지 않았던 일입니다. 일어나버린, 저질러버린 일에는 어떻게 마주해야 할까요? '마음을 다시 세우는' 방법을 알아야 합니다.

무슨 일이 생겨도 극복할 수 있는 굳건한 마음을 길러봅시다.

쳇바퀴 같은 후회에서 빠져나오는 법

대부분의 사람들이 '과거에 이루지 못했던 꿈'에 매달립니다. 그것을 얻고 싶었고, 그 사람과 잘 지내고 싶었고, 이렇게 했더라면 지금쯤은 달라졌을 텐데. 그런 생각을 품고 있는 사람이 많습니다.

그중 하나가 바로 '후회'입니다. 다만 후회의 정체는 그다지 알려져 있지 않습니다. 사전을 찾아봐도 '이전의 잘못을 깨치고 뉘우치는 것' 정도의 애매한 설명이 있을 뿐이죠. 하지만 붓다는 단어의 이면에 감춰진 '반응'을 봅니다. 후회라는 말에는 어떤 반응이 감추어져 있을까요?

하나는 일어난 일에 대한 분노입니다. '망했다', '왜 이런 일이 생기지?' 같은 분노가 계속 남아 있는 것입니다. 그 분노를 가지고 과거를 떠올립니다. 떠올릴 때마다 분노가 되살아납니다. 그리고 그 분노로 인해 또 다른 망상이 시작됩니다. 그 일만 없었다면. 내가 그때 이렇게 했더라면. 만약 그 사람이 이랬다면.

그러니까 후회를 만드는 반응은 '분노'와 그로부터 파생되는 다양한 '망상'입니다. 정리하면 다음과 같이 라벨링할 수 있습니다.

후회 = 분노 + 망상

너무 깊이 생각하지 말고 단순하게 이해합시다. '분노가 있다', '망상이 있다'라고요. 그렇다면 후회를 빠져나오는 방법은 두 가지로 정리할 수 있습니다. 바로 분노를 없애거나 망상을 없애는 것입니다.

반응을 없애는 기본은 '있다고 이해하는 것' 즉, 사티를 작동시키는 것이었죠. 그런데 사고방식을 달리하는 방법을 통해서도 이를 해소할 수 있습니다. 예를 들면 이렇습니다. '과거에 대해 분노해봤자 소용없다. 앞으로 더 나은 방향으로 살아가는 게 더 중요할 뿐이다'라고 생각하며 분노를 내려놓는 것입니다. 그러면 후회는 사라집니다. '그건 과거다. 이제 존재하지 않는다'라고 생각된다면 기억에 반응해 생겨났던 분노도 이윽고 사라져 갑니다. 최종적으로 ① 과거를 떠올리지 않게 되거나 ② 떠올리더라도 분노로 반응하지 않게 된다면 후회로부터 벗어날 수 있습니다.

"그렇게 쉽게 내려놓을 수 있는 과거라면 애초에 후회하지도 않았어!", "내 과거는 그렇게 호락호락하지 않아!"라고 말하고 싶은 사람이 있을지도 모르겠습니다. 그러나 아무리 괴로운 과거라도 지금 마음에 무엇이 있는지를 살펴보세요. 분노와 망상이라는 반응만이 남아 있지 않나요? 그렇다면 분노를 없애든가 망상을 없애는 것. 이 두 가지가 정답이라는 점은 논리적으로 부정할 수 없습니다. 그렇다면 결론은 하나뿐입니다. 이 두 가지를 없애기 위한 노력에 나서느냐 그렇지 않느냐입니다. 다시 말해 '후회라는 마음 상태가 사라지기까지 이 책 전체를 관통하는 붓다의 방법을 실천할 수 있는가'이지요.

결론부터 말하자면 후회의 굴레에서 빠져나오는 일은 100퍼센트 가능합니다. 참고로 저자인 저부터가 온갖 다양한 과거에서 빠져나온 경험자입니다.

인생을 살다 보면 누구나 한두 개쯤 괴로운 후회를 경험하는 법입니다. 분노로써 과거를 망상하고, 망상으로 인해 분노가 되살아납니다. 이 다람쥐 쳇바퀴 같은 분노와 망상으로부터 많은 사람이 빠져나오지 못하고 있습니다. 하지만 한편으로 그 다람쥐 쳇바퀴에 스스로 올라탄 사람이 많은 것도 사실입니다. 후회에서 빠져나오기보다는 후회에 머물고 싶어 하는 것이지요. 그이유는 변화가 두렵기 때문입니다.

하지만 상상해보세요. 분노와 망상에 틀어박혀 있는 것과 과거를 말끔히 날려버리고 깨끗한 마음으로 지내는 것. 어느 쪽이 기분이 좋을까요? 답은 명확합니다.

후회로부터 깨끗하게 졸업하지 않겠습니까? '나는 과거라는 이름의 망상을 버릴 것이다. 분노를 씻어낼 것이다. 새로운 인생을 살 것이다'라고 결의해보도록 합시다.

후회를 극복한 사람은 빚더미에서 해방된 것처럼,
병이 치유된 것처럼, 유폐에서 풀려난 것처럼,
자유로이 휴식의 땅에 있는 것처럼 느낍니다.

_출가자의 기쁨, 《장아함경》

이루지 못한 것에
미련두지 않는다

과거와 관련된 괴로움이 또 한 가지 있습니다. '미련', 즉 미처 포기하지 못하는 심정입니다. '그걸 하고 싶었지', '지금이라도 할 수 있지 않을까?' 이렇게 마음이 문득 과거로 돌아간 적 있지 않나요?

후회와 미련의 차이는 무엇일까요? 후회가 과거에 대한 '분노'라면, 미련의 경우는 아직 욕구가 남아 있다는 점입니다. 원하고, 갖고 싶은 마음이지요. 그런 욕구가 이루어지지 않은 채 과거를 망상하고 있는 것입니다. 정리하면 미련은 다음과 같이 라벨링할 수 있습니다.

미련 = 욕구 + 망상

그렇다면 역시 망상을 없애는 작업이 필요합니다. 과거를 망상하고 있다는 마음 상태를 깨닫고 '망상해봤자 앞으로 나아가는 데 도움이 되지 않는다'며 생각을 고칩니다. 그리고 감각을 의식하는 시간을 만드세요.

미련에서 빠져나오기 위한 방법은 이게 끝이 아닙니다. 후회는 바꿀 방법이 없는 과거의 일이므로 분노도 망상도 내려놓을 수밖에 없습니다. 그러나 미련은 '욕구를 이룰 수 있지 않을까?' 하는 가능성 때문에 그리 쉽게 놓기가 힘듭니다. 그러니 '욕구가 남아 있다'고 이해하고 다음 단계로 이행해야 합니다. 이때 사용하는 것이 바로 '올바른 사고'입니다.

올바른 사고는 붓다의 가르침에서 근본이 되는 사상 중 하나입니다. 올바른 사고란 첫째, 방향성을 확인하고 둘째, 방법을 생각하는 것으로 간단히 정리할 수 있습니다. 바람을 이루는 것이 방향성에 해당합니다. 방향성=바람인 것이지요. 그렇다면 어떤 방법으로 그 바람을 이룰 수 있을지 생각하는 것이 중요합니다. 과거로 돌아가 망상하지 않고 지금부터 할 수 있는 방법을 생각하는 것입니다.

'욕구가 있다→ 과거를 망상해서 현재에 불만을 쌓는다'는 사고 루트는 아무 성과도 가져오지 못합니다. 대신 '욕구가 있다→ 어떻게 하면 그 목표를 이룰 수 있을지 방법을 생각한다'가 올바른 사고입니다.

어느 쪽의 사고를 따르는지에 따라 일상은 크게 달라집니다. 이 방법을 생각하는 습관이 몸에 배면 과거에 끌려다닐 일은 매우 줄어듭니다.

실천을 기준으로 생각하기

방법을 생각하는 데 있어 핵심은 행동과 실천을 기준으로 생각하는 것입니다. 구체적으로는 ① 방법들을 수집하고 ② 순서를 정하고 ③ 행동에 전념하는 것을 의미합니다.

'수집하기'란 일단 어떤 방식이 있는지 배운다는 뜻입니다. 책을 읽거나 먼저 경험한 사람에게 이야기를 듣거나 관련 장소를 찾아가 직접 체험해보는 등 '다들 어떤 식으로 하고 있는지'를 모색해 나가는 것입니다. 방법을 수집하는 셈이지요.

'순서 정하기'란 행동의 계획을 짠다는 뜻입니다. 노트를 준비해 대략적인 계획과 하루하루의 구체적인 해야 할 일에 번호를 매겨 순서대로 적어 나갑니다. 이렇게 적는 작업이 의외로 마음 정리에 효과적입니다.

그러나 많은 사람들이 계획을 망상으로 세운다는 데 문제가 있습니다. '이 시기까지 이만큼 해야지'라면서 모두 망상으로 결정해버리죠. '여기까지 달성하면 대박'이라는 등 '실적 달성 틀림없음'이라는 둥, 망상에서 쾌감을 얻는 방향으로 흘러가고 마는 것입니다. 이와 반대로 할당량과 압박감을 잔뜩 끌어안아 '달성하지 못하면 해봤자 소용없다'며 도중에 포기하기도 합니다. 개인 차원이든 조직 차원이든 이런 일은 무척 흔합니다. 요컨대 망상에 휘둘리고 있는 셈이지요.

붓다의 가르침에서는 '미래'란 어디까지나 '망상'이라고 이해합니다. **'방향성'은 지향해야 할 목표가 되기는 하지만 어디까지나 '방법의 실천'과 한 세트로 갈 때 그 의미가 있습니다.**

이는 단순히 망상을 멈추는 것으로는 되지 않습니다. 어디까지나 실천을 기준으로 방법을 생각해 거기에 맞는 것을 당면 목표로 삼아야 합니다. 미래는 망상이 아닌 목표에 맞는 행동들의 축적이 만들어냅니다. 이런 사실을 깨닫는다면 '지금'이라는 시간을 최대한 활용할 수 있습니다.

잡념이 사라진 상태를 지향한다

참고로 저는 학창시절 공부를 할 때 그리고 사티를 수행할 때도 이 행동 기준으로 방법을 생각했습니다.

공부를 할 때는 공부에 쓸 책과 읽는 방식을 결정합니다. 읽는 방식이란 저자의 의도를 파악하고 노하우를 얻는 등의 방향성을 정하는 것을 말합니다. 그런 다음 '해석 부분을 발췌하여 적기'라든지 '노하우 정리하기'와 같은 구체적인 행동 계획을 세우고 실천합니다. 암기가 필요한 부분은 '외워야 할 개념이 답으로 나오게끔 문제를 직접 만들기'라든지 '적은 내용을 어절 단위로 구분해 여러 번 소리 내어 읽기'와 같이 상당히 세부적으로 적어놓습니다. 책을 읽는 방식에도 전략이 필요한 것입니다.

사티를 수행할 때도 상당히 면밀하게 노력했습니다. 일반적으로 명상, 좌선, 마인드풀니스라고 불리는 영역은 애매한 부분이 많습니다. 그렇기에 명확한 목적과 행동을 기준으로 한 방법을 꼼꼼하게 만들어 철저히 임하지 않으면 사티의 궁극에 도달할 수 없습니다. 예를 들어 이 책에서 소개한 '7단계로 걷는 사티'는 잡념과 망상을 제거한다는 목적에 비추어 고안해낸 방법 중 하나입니다. 이런 여러 가지 구체적인 실천법을 만들어놓고 하루 시간표에 따라 '이 시간에는 이 일로 온전히 채우겠다'는 생각으로 수행에 몰두했던 시기가 있습니다.

제가 했던 것처럼 여러분도 해보시길 바랍니다. **'이 순서대로 하면 반드시 결과가 나온다'고 생각되는 수준까지 계획을 구체화하세요. 구체화가 되었다면 남은 것은 다른 생각을 하지 않고 거기에 집중하는 일뿐입니다.** 이런 사고법이 몸에 익으면 망상에 빠지지 않고 항상 '무엇을 할 수 있는가, 다음에 무엇을 하면 되는가?'와 같이 방법 중심, 행동 중심으로 생각할 수 있게 됩니다.

행동 그 자체에 집중하면 즐겁고 확실히 성과가 납니다. 달성하고 싶은 목표가 있는 사람이라면 이 사고법으로 전환하는 것을 첫 번째 과제로 삼아봅시다.

만약 여러분에게 미련이 남아 있다면 '무엇을 할 수 있는지', 즉 구체적인 행동을 기준으로 한 방법을 철저히 생각해주세요. 수집하고, 시도해보세요. 앞을 향해 나아가고 있다고 생각된다면 즐거움이 느껴질 겁니다. 그리고 행동에 전념하세요. 이것이

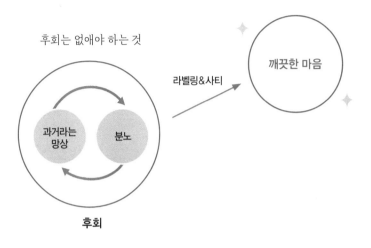

후회는 없애야 하는 것

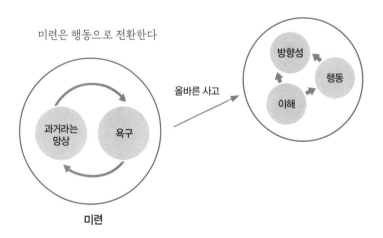

미련은 행동으로 전환한다

즐거움의 핵심입니다.

행동하는 중에는 과거도, 나이도, 자존심도 필요 없습니다. 잊어버리세요. 이것들은 그저 망상입니다!

'기한 끝난 꿈'은 단호히 잘라버린다

다만, 아무리 노력해도 이룰 수 없는 꿈이 있는 법입니다. 노력만으로는 해결되지 않는 일도 있기 때문입니다. 운 좋게 요령을 배워 결과를 내는 사람이 있는가 하면, 아무리 시간이 지나도 성공에 이르지 못하는 사람도 분명 있습니다. 가령 방법이 보였다해도 나이와 체력, 주위 환경에 따라 더 이상 행동으로 옮길 수 없는 경우도 자주 있지요.

꿈에는 유효 기한이 있습니다. 꿈을 이루기 위해 계속 달려가도 괴롭기만 할 뿐이라면 '슬슬 마음을 접어야 할 때가 되었구나'라고 생각하는 편이 좋을지도 모릅니다. 왜냐하면 그런 꿈이라면 없어도 살아갈 수 있기 때문입니다.

사람은 집착하고 싶어 하는 동물입니다. 특히 인정욕구, 즉 자신이 가치 있는 존재라고 인정받고 싶은 욕구에 많은 사람이 매달려 있지요. 그러나 그런 욕구의 대부분은 '없어도 살아갈 수 있는' 것입니다. 식욕, 수면욕 같은 본능적인 욕구와 달리 필수적이지 않습니다.

그런 바람은 대체 어디에서 비롯된 것일까요? 부모에게 칭찬받는 것이 중요했던 어린 시절일 수도 있고, '이걸 달성하지 못하면 인정받을 수 없어' 같은 절박감일 수도 있습니다. 혹은 누군가를 너무 동경해서 '저것만 손에 넣으면 나도 행복해질 거야'라며 달려들었던 것일 수도 있습니다.

이처럼 '본래 없어도 되었던 꿈'에 집착하는 데서 사람은 '착각'을 품기 시작합니다. 자신을 긍정하지 못하게 되는 것입니다. 이러한 착각은 이후의 인생과 관계없이 사람의 마음에 계속해서 머무릅니다. 성공해도 여전히 착각을 내려놓지 못하고 마음이 목마른 상태에 있는 사람이 많은 이유이지요. 한편, 바람이 이루어지지 않아 착각에서 졸업하지 못한 채 미련, 좌절감, 콤플렉스를 떠안고 있는 사람은 더 많습니다.

이런 마음의 갈증과 짐은 '없어도 되는 것'을 '없으면 안 되는 것'이라고 착각하는 데서 비롯됩니다. 그리고 그 착각의 근저에는 욕구에 대한 집착이 있습니다. 케케묵은 화석과 같은 마음 상태입니다.

그러나 붓다의 가르침에 근거한다면 마음은 쓸데없는 생각에 계속 집착하는 반응의 집합체에 불과합니다. 마음의 정체는 그저 반응일 뿐이며 실체가 없는 것입니다. 그렇다면 괴로움으로 변한 '없어도 살아갈 수 있을 정도의 꿈' 따위, 버리면 그만 아닐까요? 미련은 오랜 욕구와 망상으로 만들어져 있습니다. 이것들을 씻어낸다면 마음은 되살아납니다.

　한 가지 꿈에만 집착하지 않는다면 인생을 더 자유롭고 즐겁게 살아갈 수 있습니다. 오랜 착각에 속박되어 넓디넓은 인생의 가능성을 놓치는 일이 없었으면 좋겠습니다.

실패에 주저앉지 않고
다시 일어서는 방법

살다 보면 우리는 누구나 실패를 겪습니다. 실패로 인해 마음의 상처를 입고 자신감을 잃어 의기소침해지는 일도 자주 생기지요. 역설적이지만 성실히 노력하는 사람일수록 실패를 더 많이 경험하는 경향이 있습니다.

침울해지는 것은 자연스러운 감정이지만, 그런 상태로는 괴롭기만 할 뿐이지요. 여기서도 '올바른 사고'를 사용해서 마음을 다시 일으켜봅시다.

실패는 망상에 반응하는 것이다

먼저 과거는 망상이라는 걸 기억하시길 바랍니다. '망했다', '자신감이 없어졌다', '평가가 깎였다'라는 동요만이 남아 있습니다. 이런 동요의 정체는 무엇일까요? 자신감과 평가 모두 자신에 관한 판단이지요. '자신에 관한 판단이 있다'가 처음으로 해야 할 이해입니다.

　그렇다면 이 판단은 어디에서 왔을까요? 앞에서 이야기했다시피 사람의 마음에는 인정욕구가 있었습니다. 그 인정욕구가 매일매일 '난 할 수 있다', '이만큼 할 수 있다', '이 정도 남에게 평가받고 있다'와 같은 판단을 만들어냅니다. 자존심이나 자부심 역시 인정욕구가 만들어낸, 자신에게만 좋은 판단입니다.

　현실에서는 그런 판단에 정면으로 배치되는 일들이 가끔 발생합니다. 바로 '실패'입니다. 이때 사람은 오랫동안 쌓아올린 '자신에 관한 판단'을 전제로 반응합니다. '이럴 리가 없어!'라고요. 그리고 쌓아올린 판단이 견고하면 견고할수록 그 반응 역시 강해집니다. 그 반응이 바로 자신감을 잃었다거나 상처를 입었다거나 재기할 수 없다는 말로 표출되는 것이지요.

　그러나 판단은 자신의 머릿속에서 일어나는 일이므로 망상일 뿐입니다. 결국 '망상으로 반응하고 있는' 셈이지요. 여기까지 이해할 수 있다면 다음 단계로 넘어가 봅시다.

'다 관두자' vs. '뭘 할 수 있을까?'

이제 여기서부터 어떻게 생각하느냐에 따라 결과가 달라집니다. 실패라는 불편한 현실 앞에서 사람이 취할 수 있는 선택지는 두 가지입니다. 하나는 태생적인 인정욕구에 매달려 망상, 즉 자신에 관한 판단을 고수하겠다는 선택입니다. 이 선택을 하게 되면 자신을 지켜내기 위해 현실에서 도망치거나 남 탓을 하는 방어 반응이 나타납니다. '이럴 리 없다', '나를 탓하다니 저 사람이 잘못됐다', '상대방은 나에 대해 아무것도 모른다' 같은 반응이지요. 자신에 대한 평가가 깎였다는 생각이 심해지면 급기야 '다 관두자' 같은 비관과 절망으로 이어지기도 합니다. 나는 할 수 있는 사람인데 '이건 내가 할 수 없는 일이다'라고 판단해버리는 것입니다.

심정적으로 이해 못하는 바는 아닙니다. 그러나 이는 인정욕구로 반응해 '나는 할 수 있다'는 망상을 지켜내고 있을 뿐입니

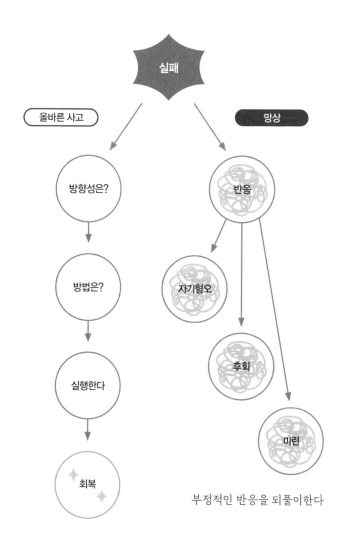

실패한 뒤의 두 가지 선택

실패

올바른 사고

방향성은?

방법은?

실행한다

회복

망상

반응

자기혐오

후회

미련

부정적인 반응을 되풀이한다

다. 상황이 달라지지 않는 한 '할 수 있는 자신'으로 바뀔 리도 없습니다. 그러니 다른 선택을 취하세요. 바로 '올바른 사고'입니다. **방향성을 확인하고, 지금부터 할 수 있는 일을 실행에 옮기는 것입니다. 이것이 실패에서 벗어나는 유일한 방법입니다.**

실패한 뒤의 방향성이란 '무엇을 해야 이 문제(실패)가 해결되는가' 하는 현실적인 목표를 말합니다. 이를 확인하고 자신이 할 수 있는 일을 행동에 옮깁니다. 애초에 '할 수 있는 자신'이 되고 싶다면 할 수 있는 것을 해보는 수밖에 없습니다. 그렇다면 결과적으로 '해야 할 일에 전념해야 한다'는 결론에 도달합니다.

이는 동요하는 자신과도, 할 수 있다고 망상하는 자신과도 관계없습니다. 오직 '자신'과 관계없이 올바르게 생각할 수 있느냐의 문제입니다. 강한 마음이란 이처럼 올바른 사고에 선 마음입니다. 우리 모두 어떤 사태에도 동요하지 않는 굳건한 마음을 키웠으면 합니다.

타인을 대할 때는
판단이 아니라 이해가 먼저다

우리 주위를 둘러보면 "상대방이 무슨 생각을 하고 있는지 모르겠다.", "무슨 말을 해도 대화가 통하지 않는다."며 인간관계의 어려움을 토로하는 사람들을 자주 만납니다.

앞에서 이야기했듯이 뭔가에 막혀 일이 진척되지 않을 때는 올바른 사고에 서야 합니다. 그런데 자기 혼자만의 일이라면 그렇게 극복이 가능하지만 괴로움의 원인이 사람이 되는 순간, 출구가 보이지 않는 경우가 자주 일어나곤 합니다. 분명 인간관계는 고통스러운 법이지요. 그러나 달리 생각하면 많은 사람들이 이야기하는 것처럼 출구가 보이지 않는 그런 문제가 아니기도 합니다.

올바른 인간관계의 핵심은 어느 한 쪽이 내려다보거나 올려다보는 것이 아닌 마주보는 자세입니다. '서로 이해하며 마주보고 있는가'를 확실히 파악할 필요가 있습니다.

상대방을 향한 판단이 괴로움의 원인

사람과의 관계에서 괴로워하는 사람이 반드시 빠지는 잘못이 하나 있습니다. **바로 상대방을 향한 자신의 판단을 깨닫지 못한다는 점입니다.**

판단이란 어떤 것에 대한 견해나 사고방식을 뜻합니다. 그런데 업무상 내리는 판단, 비즈니스 의사결정과 다르게 인간관계에 있어서의 판단은 상대방에 관한 단정이나 선입견을 의미합니다. 예를 들어 '그 사람은 좋은 사람, 나쁜 사람', '그 사람은 이런 성격', '그 사람은 괜찮다, 별로다'와 같은 상대방에 대한 인상이 그것입니다. '당신은 이래야 한다'처럼 자신의 잣대에 따른 판단이나 '그 사람과는 어울릴 수 없다'처럼 관계 방식을 결정짓는 판단도 있습니다. 어느 쪽이든 모두 '이래야 한다(그 외는 인정할 수 없다)'는 단정과 선입견을 포함합니다. 바로 여기서 많은 문제가 발생하지요.

사실 우리는 이런 판단을 당연하듯이 합니다. 부모가 자녀의 부족한 면을 보고 호되게 혼내는 것도 '내 아이는 이래야 한다'는 판단에서 비롯된 것입니다. 상사가 기대에 못 미치는 부하 직원에게 불만을 가지는 것도, 선생님이 자신의 말을 듣지 않는 학생을 힘으로 따르게 만드는 것도, 남녀가 서로를 이해해주지 않는 상대에게 서운함을 느끼는 것도 모두 판단에서 비롯된 일입니다. '상대방이 문제'라는 판단이 숨어 있다는 걸 우리가 깨닫지 못할 뿐이죠.

한편 일방적으로 판단하는 경우가 있는가 하면 서로의 판단이 맞부딪히는 경우도 있습니다. 나는 이렇게 생각하는데 상대방은 다른 것을 되돌려줍니다. 불만스럽고 이상합니다. 거기서 막혀버리는 것이지요. 이러면 판단을 하는 쪽도 판단을 당하는 쪽도 서로 스트레스가 쌓입니다. 상대방이 알아봐주지 않고 소중히 여기지 않는다고 생각하니까요. 서로가 상대 쪽이 문제라고 말하니 소통이 될 수 없습니다. 이런 꽉 막힌 상황이 우리의 인간관계 곳곳에서 벌어지고 있습니다.

이 교착상태를 타파하려면 어떻게 해야 할까요? 이때도 '이해하는' 것이 위력을 발휘합니다.

선입견에서 한 발짝 물러나는 연습

먼저 상대방을 보지 말고 자신을 바라보세요. 자신의 판단을 깨닫는 일부터 시작합니다.

상대방이 문제라고 생각하지는 않는지, '이렇게 하는 게 당연한데 왜 하지 않지?' 이런 선입견과 단정은 없는지, 자신만의 판단에 사로잡혀 있지는 않은지를 자문합니다.

'이건 나만의 판단일지도 모른다'고 깨달았다면 그 생각에서 한 발짝 물러나도록 노력합니다. 자신의 머릿속에 자리 잡은 선입견을 일단 제거하는 것입니다. 하지만 판단에 너무 익숙해져 있는 우리는 판단에 사로잡힌 자신의 모습을 좀처럼 깨닫지 못하곤 합니다. 그래서 다음과 같은 판단을 자각하는 연습을 먼저 할 필요가 있습니다.

- 평소에 선입견에 따라 쉽게 단정 짓고 있음을 자각한다.

- 매사에 '이것은 내 판단이 아닐까?' 하고 자문한다.
- 일상 속에서 아무렇지 않게 내리는 판단이 얼마나 많은지를 깨닫고 라벨링한다.

특히 세 번째는 판단을 자각하기 위한 아주 좋은 연습입니다. 예를 들면 가게에서 메뉴를 고르는 것도 나의 판단이고, 파란 신호에 길을 건너는 것도 나의 판단입니다. 그러니 "메뉴는 이것이 좋다고 판단한다.", "파란 신호니까 길을 건너도 좋다고 판단한다."고 말로 표현해봅시다. '~라고 나는 판단한다'와 같이 굳이 말로 표현함으로써 평소에 무의식적으로 내리고 있는 판단을 자각하고 찾아내는 방법입니다.

이 방법이 의외로 판단을 내려놓는 데 효과적입니다. '이것은 나의 판단이다'라고 자각할 수 있다면 다른 사고방식도 가질 수 있게 됩니다. 마음이 유연해지는 것이지요.

'판단'이 아닌 '이해'가 필요할 뿐이다

————

다음으로 힘써야 할 부분은 판단을 내리는 대신 상대방을 이해하는 일입니다. 예를 들면 이렇습니다.

- 상대방이 하는 행동을 사실로서 이해한다. → '저 사람이 ~하고 있구나'
- 상대방이 말하는 것을 그대로 듣고 받아들인다. → '당신은 그렇게 느끼고 있군요', '그렇게 생각하고 있군요'

이렇게 이해하는 데 힘쓰기 시작하면 인간관계의 근본이 달라집니다. 왜냐하면 이해를 바라는 마음이 우리의 기본 성질이기 때문입니다. 우리 모두는 판단이 아닌 이해받기를 바랍니다. 누군가 나를 알아주기를, 받아들여주기를 바랍니다. 심판받거나 평가받는 것을 좋아하는 사람은 없습니다. 그 바람은 누구에게나 공통적입니다.

그런데 상대에게 이해를 바라는 마음과 정반대로 우리의 마음속은 자신의 판단, 즉 '나는 이렇게 생각한다'로 가득합니다. 판단하는 것이 당연하다고 굳게 믿고 있습니다. 그래서 상대를 평가하고, 비판하고, 자신의 판단을 일방적으로 밀어붙이며 따르지 않는 상대방에게 화를 냅니다.

이것이 얼마나 독선적이며 나아가 폭력적인지 우리는 깨달아야 합니다. 상대방을 향한 판단은 내가 전적으로 옳다는 생각인 '만'에 해당합니다. 판단은 가끔 필요하기도 하지만 이는 목적에 도움이 되는 경우에 한해서입니다. **상대에게 도움이 되지도 않는데 혼자 옳다고 판단하는 것은 자신에게만 유리한 판단에 불과합니다.**

한쪽에 이해받고 싶은 마음이 있고, 다른 한쪽에 판단하고 싶은 마음이 있는 상황. 이런 관계만 계속된다면 당연히 '서로 이해할 수 없는 관계'에 봉착하겠지요. 서로 만나지 못할 평행선이 계속되는 것입니다.

나도 모르는 내 안의 우월감 내려놓기

자신도 깨닫지 못한 판단이 사람과의 관계를 정체시킨 한 사례를 들어보겠습니다.

30대 중반 정도 된 한 남성이 배우자에 관한 일로 괴로워하며 제게 상담을 해왔습니다. "아내가 고집이 센 성격이라 말하다 보면 욱하게 돼요. 이제 두 손 두 발 다 들었습니다."라며 한탄합니다. 상당히 막다른 상태에 있는 모양이었습니다. 그런데 남성의

잘 풀리지 않는 인간관계

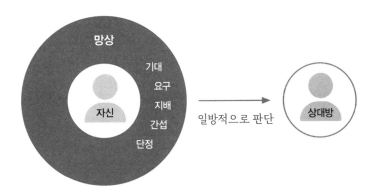

잘 풀리는 인간관계

말을 계속 듣다 보니 '자신이 위, 아내가 아래'라는 인식이 깊게 깔려 있다는 느낌을 받았습니다. 자존심이 센 것이지요.

확실히 그는 능력 있고 스펙 좋은 사람인 듯했습니다. 그러나 '만'에 가득 찬 시선은 금세 상대방에게 전해지기 마련이지요. 아내 입장에서 보면 '문제 있는 미숙한 자신과 그런 자신의 상담에 응해주는 우수한 남편'이라는 구도가 강제로 형성되는 셈입니다. 이런 관계를 강요받는데 기쁠 리 없습니다. 이야기를 충분히 들은 뒤 저는 남성에게 아내가 느끼고 있을 괴로움에 관해 일러주었습니다.

"사람은 자신이 내린 판단을 강요하는 상대방에게 마음을 열지 않습니다. 당신이 그 자존심과 우월감이라는 판단을 그만두지 않는 한 서로 이해할 수 있는 관계는 성립되지 않을 것입니다."

남성으로서는 처음 받아보는 지적인 듯했습니다. 잠자코 듣고 있더군요. 저는 계속해서 다음과 같이 전했습니다.

"능력 있다는 말은 그만큼 남을 위해 이바지할 수 있다는 뜻입니다. 그 능력을 자신의 '만'을 채우는 데만 사용할 필요는 없습니다. 아까우니까요. 만약 이해하는 데 힘쓰고 자신이 할 수 있는 일을 최대한 하겠다는 생각을 한다면 자연히 좋은 평가를 받을 것이고 사람과의 관계도 잘 풀릴 것입니다."

남성 역시 여러 가지 생각을 말하기 시작했습니다. 자신의 자존심이 아내와의 관계뿐만 아니라 다른 일에서도 많은 스트레스를 만들어내고 있다는 것, 자신도 계속 괴로워했다는 사실을 털어놓았습니다. "만에서 벗어나지 않으면 안 되겠지요?"라고 말합니다. 저는 "당신이 그렇게 바란다면, 그게 정답입니다."라고 대답해주었습니다.

　그 뒤로 남성은 조금씩 자기 안의 자존심과 우월감을 자각하게 되었습니다. "제가 참 꼴불견이었다는 걸 알겠더군요."라며 그는 웃었습니다. "아내를 대할 때는 '상담에 응하는 것'이 아닌 '그저 듣는다'는 태도로 임하고 있습니다. 예전보다 말이 훨씬 잘 통합니다."라며 소식을 전해왔습니다.

　다시금 이렇게 기억해둡시다. 마음은 판단 당하고 싶어 하지 않습니다. 이해받기를 바라고 있습니다. 따라서 사람과 마주할 때는 판단에 주의하고, 잘 이해하고자 노력해야 합니다. 누구도 서로 이해할 수 없는 관계는 바라지 않을 겁니다. 서로 이해할 수 있어야 만났을 때 즐겁고 관계의 진전도 생깁니다. 상대방에게 전해지고 있다고 생각해야 기쁘고, 알아준다면 더 기쁩니다. 상대방이 자신을 이해하려고 노력해준다면 마음을 여는 것도 가능해집니다.

앞으로 누군가를 앞에 마주한다면 '몇 초 동안 만이라도 이해한다'는 마음을 가져봅시다. 상대방을 잘 보고, 상대방의 말을 잘 듣고, 일단 '알겠다'라고 수긍하는 자신이 되도록 노력해봅시다. 그렇게만 해도 관계는 달라집니다.

관계의 중심에 나를 두지 않는다

사람과의 관계에는 또 하나 중요한 마음가짐이 있습니다. 특히 상대방에게 행동을 촉구하는 입장에 놓인 사람이라면 꼭 알아두어야 할 마음 사용법입니다. 부모가 자식을 훈육할 때, 상사가 부하에게 지시를 내릴 때, 선생님이 학생을 지도할 때 단순히 '이렇게 하세요'라고 전하기보다 더 효과적인 방법이 있습니다. 바로 '이해하고 격려하는' 방법입니다.

사람과 관계를 맺을 때는 무엇보다 이해하는 것이 첫째입니다. 그런 다음 '올바른 사고'를 떠올려주세요. 방향성(목표)을 확인하고 지금 무엇을 해야 하는지를 생각하는 것입니다. **다시 말해 상대방을 잘 이해한 다음, 상대방의 방향성을 확인하고, 상대방이 해야 할 행동을 생각하는 것입니다.**

다만 '상대방의 방향성'을 명확히 찾을 수 있는 사람은 많지 않습니다. 몇 가지 방향성을 꼽아 보면 다음과 같습니다.

- 자녀를 훈육하는 방향성은 자녀가 사회에 필요한 인재가 되어 자립해 살아갈 수 있도록 돕는 것이다.
- 가족이나 친구 간의 방향성은 서로 이해하는 관계이다.
- 업무의 방향성은 효율성과 생산성을 높이는 것 그리고 성과를 내는 것이다.
- 기업의 방향성은 사회에 기여하는 제품을 만들어내는 것, 그 결과로서 이익을 내는 것이다.

핵심은 '이 사람에게 있어 최선은 무엇일까?'를 생각하는 데 있습니다. 반복해서 이야기하지만 여기에 '자신의 판단'이 들어가지 않도록 주의해야 합니다. '자신이 최선이라고 생각하는 방향'이 아닙니다. 이래서는 판단의 강요로 되돌아오고 맙니다. 어디까지나 상대방을 잘 이해하고 존중과 배려를 담아 상대방에게 필요한 최선의 방향을 생각해야 합니다. 그런 마음가짐을 갖는다면 자연스럽게 이런 말이 나옵니다.

"어떻게 하고 싶습니까?"

"내가 할 수 있는 일은 무엇입니까?"

이 말들은 질문하는, 즉 이해하고자 노력하는 말입니다. '~하세요'라든가 '이렇게 해야 한다'와 같은 강요와는 정반대입니다. 먼저 강요를 버리고 서로 스트레스가 생기지 않는 마음 사용법을 찾아보세요. 마음먹기에 따라 새로운 관계가 만들어질 것입니다.

출가자 고타마 붓다는

"어서 오세요.", "잘 왔습니다."라고 말하는 사람이고,

친근감 있는 말로 명랑하게 대하며

열린 마음으로 스스로 행동하게끔 만드는 사람이다.

_《장아함경》

아래에서 위를 향하는 관계로 바꾼다

방향성을 생각했다면 그다음에는 무엇을 할 수 있는지 그리고 어떻게 해야 하는지 그 방법을 고민해야 합니다. 개인이라면 '행동'과 그 '순서'를 생각하면 되고 하나의 목표를 공유하는 팀이

나 조직이라면 여기에 '각자의 역할'을 하나 더 추가하면 됩니다. 그리고 이를 모든 사람들이 전념할 수 있는 수준까지 구체화하도록 합니다.

구체화가 필요한 이유는 그렇게 하지 않으면 방법이 제대로 보이지 않아 앞으로 나아가기 힘들기 때문입니다. 물론 구체화하지 않더라도 일이 진척될 수는 있습니다. 하지만 그건 때마침 운이 좋거나 난이도가 낮아서인 경우가 대부분입니다. 누군가를 지도하고 리더십을 발휘해야 하는 위치에 있는 사람이라면 상대방이 방법 하나하나(작업 방식, 진행 방식)를 얼마만큼 구체적으로 이해하고 있는지 체크할 필요가 있습니다.

구체적인 방법을 알려주지도 않고 '그냥 당신이 알아서 해라'라는 식으로 말하거나 '말하지 않아도 이 정도면 알겠지'라며 관망하는 사람들이 많습니다. 이런 식으로 일을 맡기는 것이 버릇이 된 사람은 막상 구체적인 방법을 가르쳐달라는 말을 들으면 말문이 막혀버립니다. 되레 "아니, 그런 것도 몰라?"라며 역정을 내기 일쑤지요. 지도에 서툰 사람들은 이런 '이해하는' 수고를 생략해버린 사람입니다. 이해해야 할 사람이 이해해야 할 것을 이해하지 않고 있는 셈이지요. 이래서야 앞으로 나아가지 못합니다.

사람을 이끌고 행동을 촉구하는 입장에 있는 사람은 무엇이든지 '잘 볼 수 있어야' 합니다. 육아 고수인 부모나 신뢰받는 상사, 지도에 능숙한 교사는 모두 상대방의 마음, 현장 상황, 방향성과 방법을 잘 볼 수 있는 사람입니다. 잘 보이니 제대로 전해줄 수 있지요. 상대방이 무엇을 보지 못하는지도 잘 압니다. 올바른 방향성을 제시해 '그렇다면 이렇게 해볼까?'라며 등을 밀어주는 일도 가능해집니다. 이런 관계라면 상대방도 '자신을 제대로 봐주고 있다'고 생각하므로 신뢰합니다. 기대에 부응하고자 더 열심히 하게 되지요.

이는 위에서 아래를 향하는 강요가 아닌 '위를 지향하는 격려'입니다. 하향식이 아닌 상향식 관계인 것이죠. 상당한 공부와 노력이 필요한 일입니다. 그러다 보니 사람들이 이런 관계에서 스트레스를 많이 받는 것도 사실입니다. 안타까운 일이지요. 함께 위를 지향하는 관계는 지극히 창조적이며 기쁨에 가득 찬 관계가 될 수도 있는데 말입니다.

모처럼의 인연입니다. 이해하고 격려하는 관계를 지향했으면 좋겠습니다.

길이 보이지 않던 내게 확실한 방법을 보여준 그 사람은

하향식 관계와 상향식 관계의 차이

하향식 — 내려다보는 시선의 관계 방식

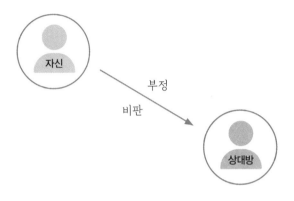

상향식 — 이해하고 격려하는 관계 방식

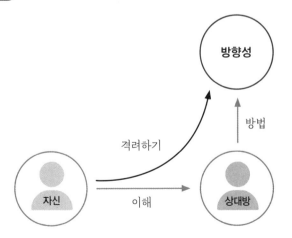

"두려워할 필요 없다."며 힘차게 제게 말씀하셨습니다.

_구도자 테라카니의 회상, 《장로계경》

상대방의 괴로움을 이해하면 가능해지는 일들

누군가를 온전히 이해하고 격려하기란 무척 어려운 일이지요. 처한 상황은 다르겠지만, 필자인 저도 마주하기 방식을 시험당하는 기회가 꽤 있습니다. 지금부터 제가 예전에 경험했던 비교적 고된(더구나 약간 별난) 하루에 관해 소개해드릴까 합니다.

예전에 시내의 어떤 공원에서 노숙자들을 대상으로 하는 무료 급식 봉사활동을 돕던 때의 일입니다. 어느 날 아침 조폭으로 보이는 한 남성이 술에 취해 사람들에게 행패를 부리고 있었습니다. 모두가 무서워 아무 행동도 하지 못할 때 제가 다가가서 이야기나 한번 하자며 그 남성을 진정시켰지요. 상대를 이해하고자 노력하면서 말입니다. 경찰이 도착하고도 행패를 멈추지 않던 그 남성은 결국 팔을 붙들린 채 경찰서로 연행되었습니다. 그때 저는 그 사람과 경찰들 사이에 서서 이야기를 듣고 있었습니다. 발걸음을 옮기려던 그는 가만히 저를 바라보더니 갑자기 이렇게 말했습니다.

"우리 엄마 말이야⋯⋯. 교도소에 있어."

우락부락한 그의 눈에서 눈물이 흘러내리고 있었습니다. 듣자하니 20년 넘게 만나지 못한 어머니가 교도소에 들어갔는데 어머니께 편지를 쓰고 싶어도 까막눈이라 글을 쓸 줄 모른다고 하더군요. 저는 그에게 대신 편지를 써주겠다고 약속했습니다. 그날 밤 조사를 받고 경찰서에서 나온 그와 시부야 센타가이에서 다시 만났습니다. 그사이 남자는 또다시 술에 절어 있었습니다.

"오늘 아침은 죄송했어요. 사과를 드리고 싶은데 잠깐 시간 좀 내어주실래요?"

우리는 택시를 타고 신주쿠 번화가 뒷골목에 있는 수상쩍은 술집에 들어가 자리를 잡았습니다. 택시비에 술값까지 돈이 괜찮겠냐고 물어봤는데 그는 "걱정 마세요."라며 고집을 부렸습니다. 결국 남자는 술을 마시고 저는 그냥 우롱차를 마시며 그의 이야기를 들었습니다.

남자의 아버지는 조폭의 말단으로 거의 집에 들어오지 않았다고 했습니다. 가끔 집에 있는 날에도 술에 취해 미친 듯이 폭력을 휘둘렀습니다. 아버지에게 흠씬 두들겨 맞고 담뱃불에 상처를 입는 일이 일상이었다고 했습니다. 어머니 역시도 그를 때리고 폭언을 했다고 합니다. 그는 초등학교 때는 왕따를 당했고 중학교 때는 거의 등교하지 않아 글자도 제대로 쓰지 못했습니다. 어떤 죄를 저질렀는지는 말하지 않았는데 부모 모두 교도소 신세를 지고 있다고 했습니다. 남자가 조직에서 하는 일은 불법적인 것이었습니다. 조폭이 거리의 노숙자들을 싸구려 맨션에 가둬놓고 생활 보호비를 뜯어내는데, 그 노숙자를 모으는 것이 남자의 일이었습니다.

상대의 신상이나 돈벌이의 잘잘못을 '판단하지 않는 것'이 불도입니다. 잘잘못에 관해 쉽게 답을 내거나 강요하는 것은 자기만족에 불과합니다. 저는 그저 듣고 받아들일 뿐이지요. "스님은 왜 출가했어요?"라며 제 신상도 물어보더군요. 밤 10시를 넘기자 그는 이런 말을 꺼냈습니다.

"죄송한데, 와이프한테 전화해도 돼요?"

결혼했다는 말에 저는 깜짝 놀랐습니다. "물론 괜찮습니다."라고 대답하자 "금방 돌아올게요."라고 말하고선 계단을 뛰어 올라갔습니다.

그런데 그 뒤로 남자는 돌아오지 않았습니다.

12시가 가까워지도록 남자가 돌아오지 않자 "아무래도 튄 것 같은데요?"라며 술집 점원이 넌지시 말합니다. 남자의 휴대전화로 전화를 걸었습니다. "지금 거신 번호는 없는 번호이오니……." 아무래도 도망친 것 같군요. 반응하지 않고 이해했습니다.

자, 문제는 이제부터입니다. 어떻게 받아들여야 할까요? 속되게 반응한다면 "튀었다! 가짜 전화번호를 주다니! 경찰 불러!"가 되겠지요. 그러나 제가 의지하고 따르는 길은 불도입니다. 붓다의 가르침에 기반해 세상과 마주하는 것이 제가 살아가는 방식입니다.

"스님, 죄송한데 계산은 해주셔야겠는데요."라며 점원이 말합니다. 전 우롱차밖에 마시지 않았는데 말입니다. 술값은 1만 7,000엔이었습니다. 얼마나 비싼 금액인지 술집에 처음 와본 저로서는 모를 일이었습니다. 다만 소속된 절도 친척도 일정한 직업도 없는 출가자에게는 만만찮은 금액인 것만은 분명했죠. 결국 점원의 감시를 받으며 번화가의 편의점에서 돈을 인출했습니다. 그때 저는 '이런 상황에서도 인출할 돈이 있다는 사실에 감사하다'라고 생각했습니다. 애초에 출가자는 아무것도 지니지 않는(집착하지 않는) 사람입니다. 물건도 거처도 돈도 말하자면 '남에게서 받은 것'입니다. 가끔 수중에 들어오지만 이윽고 떠나가지요.

생각해보면 일본에 돌아왔을 때는 직업도 돈도 살 곳도 없는

40줄 넘은 출가승이었습니다. 귀국 후 첫 이틀은 노숙까지 했지요. 어찌어찌 방을 구해 신세를 지며 불교 강좌를 열었지만 상당히 오랜 기간 파리만 날렸습니다. 그럼에도 계속하다 보니 조금씩 사람들이 찾아와주었고, 그들에게 받은 약간의 정성을 따로 쓰지 않고 계좌에 넣어두었더니 그래도 이만큼의 돈이 남아 있었던 것입니다.

저는 '이만큼이 남에게서 받아온 것이구나' 하고 받아들였습니다. 막차 직전 전철을 간신히 타고 이다바시부터 이어지는 언덕길을 홀로 걸었습니다. 도쿄의 밝은 밤하늘을 올려다보며 붓다의 가르침을 떠올렸습니다.

삶에는 괴로움이 따른다.

이는 붓다가 사람들에게 최초로 전한 '사성제'四聖諦라는 가르침의 첫 구절입니다. 첫째, 산다는 것은 괴로움이다. 둘째, 괴로움에는 원인이 있다. 셋째, 그 원인은 제거할 수 있다. 넷째, 제거하기 위한 길, 즉 방법이 있다는 가르침입니다. **이 가르침은 자신의 괴로움만을 뜻하지 않지요. 이 가르침의 진정한 의미는 '삶에는 괴로움이 따른다'는 진실을 상대방에게, 모든 이들에게, 그리고 모든 생명에게 향하는 데 있습니다.**

한마디로 자기 일은 차치하고 상대방의 괴로움을 보라는 뜻입니다. 오늘 아침 술에 취해 행패를 부리던 남자의 모습, "우리 엄마 교도소에 있어."라며 공원에서 눈물을 흘리던 남자의 표정, 술집에서 들은 남자의 구구절절하고 아픔에 가득 찬 반평생. 편했을 리 없습니다. 어렸을 적부터 상처 입고, 무시당하고, 미움받고, 아직도 방황하는 인생이 보였습니다. 그 괴로움을 이해하는 것. 이것을 생각의 처음에 두는 것입니다. 그때 제 가슴속에 이런 생각이 솟아났습니다.

'힘내.'

힘내라, 힘내는 거야, 힘내자. 다양한 버전으로도 말해보았습니다. 남자의 모습을 떠올리며 자애를 가지고 남자의 행복을 바라며 계속 말했습니다. 나의 생각(반응)이라는 것은 내가 의지한 마음의 토대에 따라 어떤 형태로든 달라질 수 있습니다. 만약 탐욕이나 분노에 의지하고 있다면 속았다, 배신당했다, 돈을 빼앗겼다, 어떻게든 되찾아야 한다, 하고 생각할지도 모릅니다. 그러나 올바른 마음의 토대는 그런 것이 아닙니다. 탐욕이나 분노에 기반한 반응은 버리고 이해한나는 마음가짐에 서는 것, '상대의 괴로움을 이해하는' 데서부터 시작하는 것입니다.

상대방의 괴로움을 이해하면 화를 낼 수 없습니다. 상대방에게 자애를 향하면 '힘내서 살아가자'는 생각이 자연스럽게 솟아납니다. 그렇게 저는 언덕길을 오르면서 한없이 활짝 열린 온기 가득한 마음을 느끼며 홀로 집에 도착했습니다.

다음 날 아침, 전화가 걸려왔습니다. 그는 "죄송합니다."라며 가라앉은 목소리로 속삭였습니다. "제가 술만 마시면 필름이 끊겨서요."

저는 한마디만 전했습니다. "전화해줘서 고마워요."

만약 남자가 어젯밤 도망친 채로 연락을 끊었다면 이 관계는 그걸로 끝이었습니다. 하지만 이렇게 전화를 해줌으로써 다시 이어질 수 있었습니다. 이어진 관계만큼 소중한 것은 없습니다. 그러니 고맙다고 전한 것이지요.

그는 이후에도 몇 번인가 저를 만나러 왔습니다. 역까지 와 있다고 하기에 마중 나갔더니 만취해서 인사불성이 된 바람에 역무원이 흔들어 깨운 적도 있었습니다. 그의 인생이 그 뒤로 달라진 것은 아닙니다. 어머니와의 재회도 아직 하지 못한 모양이었습니다. 다만 저와 그의 관계는 끊어짐 없이 계속 이어지고 있습니다.

이해하고 격려하는 일은 때로 시간이 걸립니다. 하지만 그 시간을 생략해버릴 수는 없습니다. 올바른 마음 사용법을 가지고 성의를 다해 마주하는 것이 유일한 정답입니다.

여러분도 이해하고 격려하는 관계를 통해 새로운 가능성을 키워가는 가장 가치 있는 여정을 시작할 수 있습니다. 어려운 여정이라기보다 위대하고 고귀한 여정이지요. 많은 기쁨을 받아들이고 훗날 '참 잘 살았다'는 긍정이 남는 행복한 길이기도 합니다.

이해하는 힘이 현실을 '단순한 과제'로 바꿉니다.
괴로움은 평생 떠안는 것이 아닙니다.
이해하고 뛰어넘는 것입니다.

제5장

모든 일이
원하는 대로 흘러간다

보이지 않는
'마음의 중력'을 뛰어넘는 법

우리의 마음을 우울하게 만드는 요인은 첫째로 마음의 반응입니다. 탐욕과 분노와 망상, 그리고 인정욕구가 만들어내는 '만'이 매일매일의 고뇌를 만들어내는 반응의 정체이지요. 그렇다면 우리는 왜 그렇게 반응하게 될까요? 거기엔 이유를 알 수 있는 경우와 알 수 없는 경우가 있습니다.

'남의 말에 상처 입었다' 같은 경우는 이유가 분명합니다. 말에 반응한 것이지요. 누군가와 함께하는 것이 고통인 경우도 마찬가지입니다. 상대방의 존재가 불쾌한 것입니다. 이렇게 이유가 명확한 경우가 있는가 하면 이유를 딱히 알 수 없는 경우도 의외로 많습니다. 주위를 둘러보면 "그냥 가만히 있어도 짜증이 난다."거나 "재밌는 일도 즐거운 일도 없다."며 투덜대는 사람들을 만날 수 있습니다. 알 수 없는 이유로 인간관계가 순탄치 못해 고통스러워하는 사람들도 있지요. 사람에 따라서는 수십 년씩 비슷한 고뇌를 떠안고 살기도 합니다.

이런 '이유가 보이지 않는 고뇌'를 만드는 원인은 무엇일까요? 그 원인은 바로 '업'業입니다. 이번 장에서는 업의 극복을 목표로 삼아 정체불명이었던 오랜 고뇌로부터 빠져나오는 연습을 해보도록 합시다.

'업'이라는 마음의 그림자

업이란 똑같은 반응을 반복하게끔 마음속에서 작동되는 힘입니다. 알기 쉬운 예가 '성격'이고 '만성적으로 계속되는 기분'입니다. 스스로 선택한 것이 아닌, 어느샌가 그렇게 되어 있는 마음 상태를 말합니다. 이는 자각하지 못한 가운데 반복하는 '반응 패턴'으로 일종의 마음 버릇이라고 부를 수도 있겠습니다.

이런 종류의 반응은 스스로 제어할 수 없습니다. 걸핏하면 화를 내는 사람은 사소한 일에도 화를 내고 맙니다. 자주 긴장하는 사람은 남 앞에 나서기만 해도 온몸이 굳어버립니다. 이런 마음 버릇이 업무나 인간관계에 불쑥 튀어나와 '또 이러네'라며 괴로움으로 이어지게 되지요. 이 패턴이 생기는 이유도 마음속 깊은 곳에서 작동하고 있는 '업' 때문입니다.

업의 특징은 ① 금방 똑같은 반응을 하고 만다. ② 오랫동안 반복한다. ③ 왜 이러는지 이유를 잘 모른다. ④ 사람에 따라서는 한계(더는 계속하지 못하겠다는 생각이 들 정도의 고뇌)에 직면한다 등입니다.

업이 더욱 괴로운 이유는 무슨 일만 생기면 도진다는 점입니다. 이런 식의 반응이 자는 중에 별안간 되살아나 가위에 눌리는 사람도 적지 않습니다. 심지어 온종일 업에 사로잡혀 녹다운 직전인 사람도 있지요. 혹시 지금 똑같은 일로 반복해서 괴로워하고 있지는 않나요? 자신도 모르는 사이에 업을 떠안고 있을지도 모릅니다.

마음을 속박하는 업의 정체

업은 본인이 자각하지 못하는 만큼 극복 또한 쉽지 않습니다. 정신건강, 심리학 분야에서는 아직 주목받고 있지 못한데, 불교 세계에서는 업을 '인간을 괴로움에 속박하는 근원적인 힘'으로서 계속 언급해왔습니다.

초기불전에 이런 말이 기록되어 있습니다.

> 윤회, 즉 괴로움의 반복은
> 집執을 기연機緣으로 하여(집착이 원인이 되어) 생겨난다.
> 집착의 근저에는 업이 숨어 있다.
> 업은 생각, 말, 행동 세 가지로 나타난다.
>
> _《증일아함경》

'집'이란 하나의 반응을 지속하게 되는 정신 상태입니다. 일시적인 반응이라면 금방 사라지지만 강하게 반응하면(결생) 그 감정과 기억이 계속 반복됩니다. 그리고 그 반복되는 정신 상태가 '집착'이며 이를 종류로 분류하면 탐욕, 분노, 망상이라는 삼독이 됩니다.

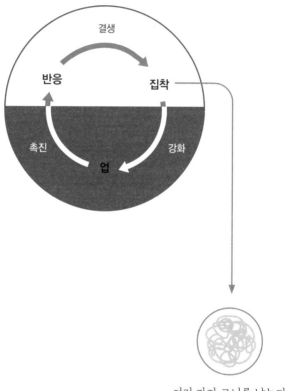

여러 가지 고뇌를 낳는다

업은 이런 반응에서 집착으로 이어지는 패턴을 만드는 힘입니다. 마음이 자극을 접하는 순간에 반응하라고 명령을 내리지요. 예를 들어 '분노의 업'이라면 남에 대한 분노나 적대감을 불러옵니다. '망상의 업'이라면 불안과 불신, '나는 역시 안 돼'와 같은 생각을 만들어냅니다.

다른 반응을 할 수 있음에도 많은 사람들이 업에 사로잡혀 언제나 같은 반응을 선택하고 맙니다. 그 반응이 집착으로 변해 계속되고 이것이 '윤회', 즉 괴로움의 반복을 만듭니다. 이것이 붓다가 이야기하는 '마음의 굴레'이며 오랫동안 반복되는 괴로움의 정체입니다.

'매일의 번민'을 뛰어넘는 방법

참고로 불교 세계에서 업은 '전세前世에서 내세來世로의 환생을 결정짓는 힘'으로 불리기도 합니다. 이른바 '윤회전생'輪廻轉生이 그것입니다. 하지만 붓다 자신은 윤회를 다른 의미로 말했을 가능성이 큽니다.

지금의 바라문들도, 그 옛날 성자들도

실제로 천계天界를 본 적도 없고 알지도 못할진대, 이 길이 천계에

이르는 길이라며 설파하고 있다.

이는 무의미하며 공허한 망상일 뿐이다.

_천계로 가는 길을 물은 두 명의 청년에 대한 훈시, 《장아함경》

이 세상을 둘러싼 다양한 견해가 있다 한들

삶이 있고, 늙음과 죽음이 있으며,

근심과 마음의 상처, 슬픔과 매일의 번민이 있다는 점은 같다.

이런 현실의 괴로움을 뛰어넘는 길을 나는 전해줄 뿐이다.

_《중아함경》

이는 경험할 수 없는 것을 말하지 말고, 자신의 고뇌를 뛰어넘기 위해 도움이 되는 방법만을 실천하라는 뜻입니다.

'전세'나 '사후 세계'를 상상하는 것은 여러분의 자유입니다. 그러나 분명 우리가 알 수 있는 인생은 지금 살아가는 지금 이 인생뿐이지요. 태어나면서부터 세상을 떠나기까지의 시간만이 '내 인생'입니다. 그러니 우리는 더 중요한 물음을 던져야 합니다. 바로 '지금 느끼고 있는 이 괴로움을 어떻게 하면 뛰어넘을

수 있는가'라는 물음입니다.

이 물음에 대해 누군가가 한 말을 그냥 믿을 것인지, 아니면 스스로 실천할 수 있는 방법을 '이해할' 것인지, 답은 여러분이 직접 선택하시기 바랍니다. 이 책에서는 후자야말로 모든 사람이 공유할 수 있는 답이라는 점을 전제로 내용을 전하겠습니다.

괴로움을 반복하게 만드는 것이여, 나는 너의 정체를 알았다.

마음의 굴레는 간파당했고, 괴로움을 만들어내는 작용은 결국 무너졌다.

나는 최고의 이해에 도달했다.

이제 괴로움이 깃들 일은 없으리라.

_깨달은 자의 말, 《자설경》自說經

이 진리는 일찍이 사람이 들어본 적 없는 것이고

새로운 이해와 사고의 주춧돌이 되는 것이며

괴로워하는 사람들에게 구원의 광명을 가져다주는 것이다.

_초전법륜初轉法輪 의 때, 《잡아함경》(초전법륜은 붓다가 보리수 아래에서 깨달음을 얻은 뒤 다섯 수행자에게 처음으로 한 설법이라는 뜻의 불교 용어—옮긴이)

업을 부르는
마음 버릇과 이별하라

업이라는 피곤한 마음 버릇을 빠져나오려면 어떻게 해야 할까요? 기본은 역시 '이해하는' 것입니다.

이해한다는 말은 정말 단순하지만, 이해의 엄청난 효과를 경험한 사람은 그다지 많지 않습니다. 온전히 이해하지 못하고 그냥 '아는 듯한 기분'에 그치고 마는 사람이 대부분이지요. 그래서는 마음 상태를 바꾸는 데까지 나아가지 못하게 됩니다. 지금부터 업을 이해해 업의 영향력으로부터 자유로워지는 것을 목표로 삼아보세요.

업이 보이지 않는 동안은 매우 괴롭겠지만, 업을 이해하면 할수록 점차 휘둘리지 않게 될 것입니다. 이윽고 마음 버릇이 고쳐지고 똑같은 괴로움을 반복하지 않게 되어 성격이 좀 달라졌다고 생각된다면 '업을 극복했다'고 보면 됩니다.

'업'의 유형 라벨링하기

업을 이해하는 데는 요령이 있습니다. 자기 나름대로 이름을 붙여보는 것입니다. '내게는 이런 마음 버릇이 있다'고 자각하는 것으로, 라벨링의 응용이지요. 그런 다음 '마음 버릇이 나왔을 때는 조심하자. 다른 마음 사용법이 있을 것이다'라고 생각을 고치면 가장 좋습니다.

아래 대표적인 업의 유형을 살펴보면서 자신은 어느 유형에 가까운지 생각해보기 바랍니다(나를 피곤하게 하는 '그 사람'이 가진 업은 과연 무엇일지 한번 생각해봐도 좋겠네요).

- 너무 많이 바라는 업: '더 많이' 바란다. 현재 상황에 만족하지 않는다. 출세욕이 강하며 자신은 더 인정받아 마땅하다고 생각한

다. 요구 수준이 높아 완벽주의를 추구한다. 너무 많이 바란 나머지 남의 빈축을 사기도 한다. 늘 마음에 여유가 없다. 성급하고 침착하지 못하다.

- 분노의 업: 항상 짜증이 난다. 하루하루가 즐겁지 않다. 남의 언동에 신경이 날카롭다. 늘 불평하고 남 탓을 한다. 스트레스가 잘 쌓인다. 화를 내거나 울적해하는 등 감정 기복이 심하다.

- 만의 업: 자신이 옳고, 가장 뛰어나다고 생각한다. '~해라'라고 당연한 듯이 명령하고 상대방의 생각을 들으려 하지 않는다. 사정이 나빠지면 남 탓을 하고 자기가 중심이 아니면 직성이 풀리지 않는다. 위에 서고 싶어 한다. 허세를 부리고, 자신을 따르지 않는 상대방을 비난한다.

- 망상의 업: 과거만 되돌아본다. 미래를 비관한다. 쉽게 불안해한다. '그 사람은 이런 사람', '세상은 이런 법'이라고 단정 짓는다. 선입견이 강하다. 남을 의심하고 억측을 잘한다. 본인에게 현실감이 없다.

- 자기부정의 업: 자신은 안 된다, 할 수 없다, 가치가 없다, 남보다 많이 부족하다고 굳게 믿고 있다. 남 앞에 서면 긴장한다. 쉽게 겁을 내고 소극적이다. 남들은 모두 잘나고 매력적이라고 생각한다. 자신의 존재가 민폐가 아닌지 의심한다.

여러분의 업은 어느 유형에 속하나요? 특히 많은 유형이 분노나 만의 업입니다. 분노와 만이 결합한 유형도 있습니다. 쉽게 욱하는 권력형 상사나 지나치게 화내고 명령하는 부모가 그 예이지요. 망상의 업도 최근 증가하는 추세입니다. 주변을 잘 보지 못하고 늘 뭔가 딴 생각을 하는 듯한 사람들은 머리가 망상 모드에 놓인 상태입니다. 스마트폰, 인터넷, 게임 등 오늘날의 어지러운 환경도 영향을 미치고 있지 않은가 생각합니다.

업은 원래 사람 수만큼 있다고 해도 좋을 만큼 가지각색입니다. '남의 눈을 신경 쓰는 업'이 있는가 하면 '너무 깊게 고민하는 업', '까다롭게 따지는 업', '똑똑한 사람이라고 칭찬받고 싶은 업'도 있지요.

이렇게 업의 유형을 자각해야 하는 이유는 일상의 반응 패턴과 마음 버릇을 깨닫기 위함입니다. 따라서 쉽게 자각할 수 있도록 특징적인 이름을 붙여도 좋습니다. '아, 또 마음 버릇이 나오고 있다. 이것은 ~라는 업'이라는 자각이 매우 중요합니다. '이 마음 버릇을 바꿔야 한다. 마음은 다시 고쳐먹을 수 있으니까'처럼 낙관적으로 생각하세요. 편안한 마음으로 가봅시다.

앞으로 나아가기 위해 하루를 되돌아본다

앞서 이야기했듯 마음 버릇은 스스로 자각하기가 어렵습니다. 가령 자각할 수 있다 해도 업의 위력에 못 이겨 무심결에 반응으로 흘러가기 쉽습니다. 따라서 당분간은 '나중에 깨닫는' 식으로 자각을 시작해 나가도록 합시다. '또 반응해버렸구나', '다시 업이 나와버렸구나' 하고 제대로 반성하는 것입니다.

붓다의 가르침에서 반성이란 자신을 탓해 좌절하는 태도가 아니라 확실히 이해하는 태도를 뜻합니다. 제가 추천하는 방법은 ① 눈을 감고 하루를 되돌아보기 ② 마음 버릇이 나온 일을 쓰기 ③ 잠자코 들어주는 상대방에게 이야기하기입니다. 먼저 '이런 일에 이렇게 반응했다'처럼 사실과 반응을 분리하여 말로 표현해봅시다. 제1장에서 이야기했던 '마음의 이력을 되돌아보는' 작업이지요. 그런 다음 라벨링을 합니다. '그때 내 반응은 무엇이었지?'라고 차분히 말로 파악하고자 노력합니다.

"상대방에게 기대하고 있었구나. 내가 너무 많이 바랐구나. 이것은 탐욕의 업이다.'"

"인정욕구가 작동해 남이 나를 어떻게 볼지 너무 많이 신경 썼구나. 이건 망상의 업일지도 몰라."

"이것은 질투구나. 바라는 마음이 지나쳐 화가 솟구쳤어. 인정 욕구와 분노의 업이 작동하고 있을지도 몰라."

이런 식입니다. 이렇게 말로 표현하다 보면 반복되는 마음의 버릇, 즉 업이 보이게 될 것입니다. 처음에는 미처 다 파악하지 못할 수도 있지만 내 마음을 되돌아보고 말로 확인하는 작업을 계속 쌓아 나가면 점차 보이게 됩니다.

자신의 마음 버릇을 볼 수 있다는 것은 획기적인 일입니다. 왜냐하면 업은 원래 본인에게는 보이지 않기 때문입니다. 보이지 않기에 더더욱 되풀이하는 것. 그것이 업의 특징입니다. 자각이 없으니 반성도 없습니다. 사람에 따라서는 평생 업에 지배당한 채 일생을 마치기도 합니다. 문제는 그런 업을 언제 깨닫느냐입니다. 깨달은 사람만이 성장할 수 있습니다. 오래 끌어온 고뇌에서 벗어날 가능성도 생깁니다.

마음 버릇에서 빠져나오는 것만큼 행복한 일은 없습니다. 왜냐하면 업은 일상생활, 인간관계, 업무 활동 등 삶의 모든 부분에 영향을 미치기 때문입니다. 그런 마음 버릇으로부터 자유로워질 수 있다면 얼마나 행복할까요. 아무리 강조해도 지나치지 않을 만큼 업을 자각한다는 것은 가치 있는 일입니다.

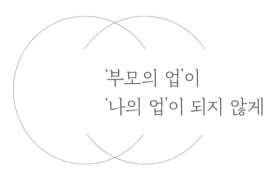

'부모의 업'이
'나의 업'이 되지 않게

자신의 업을 확인하고 뛰어넘는 데 있어 또 이야기하고 싶은 중요한 주제가 있습니다. 바로 '부모의 업으로부터 자유로워지는 것'입니다.

부모와 업이 관련이 있다는 말이 어쩌면 의아하게 느껴질 수도 있지만 매일매일 느끼는 스트레스의 근저에는 '부모의 업'이 숨어 있는 경우가 매우 많습니다.

자식이 부모의 인생을 따라가는 이유

사회에서 커리어를 쌓으며 일하고 있어도, 나이가 들고 자식이 태어나도, 자기 부모의 업에 자신도 깨닫지 못한 채 괴로워하는 사람들을 많이 목격합니다. 저를 찾아온 한 30대 여성은 칭찬에 인색한 상사에게 여러 번 상처를 받아 분노하고 침울해하는 등 감정의 부침이 심해 괴로워하고 있습니다.

여성의 마음속에는 '더 인정받고 싶다'는 마음의 허기짐이 있습니다. '너무 많이 바라는 업'이 깔려 있는 것입니다. 너무 많이 바라기 때문에 상사의 태도가 부정적으로 보이고 맙니다. '제대로 평가받지 못한다'고 느낍니다. 더 인정받으려고 지나치게 열심히 하다 보니 남들과 멀어지게 됩니다.

어째서 너무 많이 바라고 마는 것일까요? 예상해볼 수 있는 것이 부모의 업입니다. 만약 부모가 어떤 형태로든 업(예를 들면 분노의 업)을 떠안고 있어 자녀에게 냉담했거나 엄격하게 대했다면 아이의 마음에는 '인정받고 싶다' 욕구와 '상냥하게 대해줬으면 좋겠다' 같은 결핍이 쌓입니다.

일반적으로 부모의 업으로 인해 자녀가 받는 영향에는 크게 두 가지가 있습니다. 영향이라기보다 '업의 유전'이라고 불러야 할지도 모르겠는데, 하나는 부모의 업을 학습해서 꼭 닮은 마음 버릇을 짊어지는 것이고 다른 하나는 반발해서 분노의 업을 키워가는 것입니다. 이것이 성격, 즉 마음 버릇으로 남게 됩니다. 부모처럼 되고 싶지 않다고 생각하면서도 부모와 꼭 닮은 성격이 되는 건 이런 이유 때문입니다.

혹시 원인도 알지 못한 채 오랫동안 같은 괴로움을 떠안은 채로 살고 있나요? 그런 사람이라면 진지하게 부모의 업에 대해 생각해봐야 합니다.

부모의 업으로부터 탈출하는 4단계

'나는 분명히 부모의 업에 영향을 받고 있다. 부모의 업으로부터 자유로워지고 싶다. 더 평온하고 안정된 마음으로 지내고 싶다' 고 생각하는 사람은 다음 단계를 밟아보시기 바랍니다.

① 부모의 업(마음 버릇)을 객관적으로 이해하고자 노력한다. 한 사람의 인간으로서 차분히 살펴보겠다고 마음먹는다.

② 부모와의 관계가 괴로움의 원인임을 자각할 수 있다면 거리 두

기를 고려한다. 될 수 있으면 마음을 자극받지 않는 환경을 조성한다.

③ 그런 다음 자기 내면의 업과 마주한다. 마음 버릇이 나올 때마다 '또 버릇이 나왔다' 하고 자각한다(라벨링).

④ 먹거나 몸을 움직이는 등 감각을 사용하는 시간을 늘린다(사티).

여기서 중요한 단계가 부모의 업을 이해하고, 거리를 두는 것입니다. 부모의 업을 이해하려면 부모를 그저 한 명의 인간으로서 보도록 노력합니다. 가족이 아닌 '어떤 사람'으로 약간 떼어놓고 이해하는 것입니다. 이때 앞서 소개한 '업의 목록'을 활용하면 좋습니다. 어디에도 해당하지 않는 것 같다면 자기 나름대로 관찰해서 딱 맞는 업의 이름을 붙입시다. '오만과 간섭 유형'이라든지 '자녀 사유화 유형'처럼 말입니다. 라벨링은 자신의 업뿐만 아니라 타인, 특히 부모의 업을 파악하는 데도 효과적입니다. 부모를 객관적으로 보기 위해 어느 정도 신랄한 단어를 고르는 편이 좋을 수도 있겠습니다(다만 그 말에 자극받지 않도록 해주세요).

객관적으로 이해하고자 노력할 때 점차 부모의 업이라는 속박으로부터 자유로워질 수 있습니다.

거리 두기를 망설이지 않는다

_____

또 하나 의미를 지니는 단계가 부모와 거리를 두는 일입니다. 사실 자신의 업 때문에 계속 괴로워하던 사람이 부모와 떨어진 후 극적으로 달라지는 경험을 하기도 합니다.

여기에는 분명한 이유가 있습니다. 왜냐하면 부모와 관계를 지속하는 이상 부모의 존재는 항상 마음속에 있기 때문입니다. 그런 반≠ 망상 상태 속에서 부모와의 과거, 부모의 말과 행동에 마음은 항상 반응할 수밖에 없습니다. 그런 반응은 과거에 반복해왔던 유형 그 자체입니다. 그런 반응이 축적되고 강화되어 자신의 업으로 변해온 것입니다.

말인즉 부모와의 관계로 만들어진 업 때문에 괴로워하는 사람은 부모와 계속 관계하는 이상 그 업을 뛰어넘을 수 없을 수 없다는 말이 됩니다. **자신의 업으로부터 자유로워지려면 먼저 부모의 업으로부터 자유로워져야 합니다. 그러려면 일단 부모와 거리를 두는 수밖에 없습니다.**

현실적으로 부모와 거리를 두기가 어려운 경우도 있겠지요. 그때는 최소한 부모를 '어떤 한 사람'으로 마주하고 부모의 업을 이해해 '이제 반응하지 않겠다. 내 인생은 이 사람과는 전혀 다

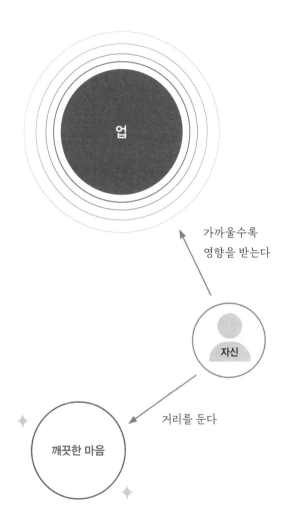

업

가까울수록
영향을 받는다

자신

거리를 둔다

깨끗한 마음

른 것'이라며 의연한 태도로 힘을 내기 바랍니다. '부모의 업이 나를 구속하고 있다는 사실을 깨달았다. 따라서 거리를 두겠다' 처럼 한 발짝 더 나아간 결의를 하는 것도 좋겠습니다.

자기 마음의 괴로움이 어디에서 오는지 잘 들여다보고 그 원인을 밝혀내야 합니다. '부모의 업'이 원인이라고 생각된다면 그 관계에 집착하지 말아야 합니다. 바깥 세계와의 관계에 답을 내야 하듯, 부모와의 관계에서도 답을 낼 필요가 있습니다. 더욱이 '부모'와 '자식'이라는 것이 불교적으로는 그저 개념, 즉 망상에 불과합니다. '반드시 맺어야만 하는 관계는 존재하지 않는다'가 불교의 발상입니다.

누구와 어떻게 관계할지 결정하는 주체는 자기 자신입니다. 자신이 내린 선택에 따르는 한 무엇을 고르든 정답이 될 수 있습니다. 그 선택이 정답이었는지 여부는 '이후의 삶'으로 결정되겠지요. 일단 상대방의 업으로부터 자유로워지고 자신의 마음을 깨끗하게 만드세요. 그런 다음 다시 한 번 관계를 만들어나가는 일은 얼마든지 가능합니다.

삶의 방식도 관계 방식도 '이래야 한다'고 단정 지을 필요는 없습니다. 그저 올바른 순서가 있을 뿐이라는 걸 기억하기 바랍니다.

두려움 없이 앞으로 나아갈 것

어쩌면 업은 우리 사회의 거대한 '숨겨진 주제'일지도 모릅니다. 모두 떠안고 있음에도 누구 하나 그 극복 방법을 모르니까요. 길을 걷다 보면 우리는 수많은 사람과 스쳐 지나갑니다. 전철 안에서도 생판 남과 함께 있지요. 그중에는 남몰래 업에 괴로워하는 사람이 많습니다. 직장이든 가정이든 학교든 대개 사람이 있는 곳이라면 업에서 비롯된 고뇌가 깃들어 있는 법입니다. 그런데도 사람들은 모두 아무렇지 않은 척 열심히 살아가고 있으니 진심으로 경의를 표할 일입니다.

업은 마음을 지배하는 가장 뿌리 깊은 힘입니다. 업을 극복하려면 각오와 시간이 필요합니다. 그 시작은 업을 극복하겠다는 각오를 다지는 것이지요. 그런 다짐과 노력이 있다면 나머지는 두려울 것이 없습니다. 마음 버릇이 나올 때마다 이를 자각해서 반응으로 흘러가지 않도록 힘쓴다면, 이윽고 업과 이어져 있던 수많은 고뇌가 사라지게 될 겁니다.

모든 고뇌는 마음이 만들어냅니다. 마음을 옭아매는 가장 강력한 힘이 바로 업입니다. 그렇다면 업을 뛰어넘는 삶의 방식을 선택함으로써 많은 고뇌를 해결할 수 있습니다. 다행히도 업을 극복하는 방법은 붓다가 가르쳐주고 있지요. 이 책에서 제시한 여러 가지 방법들을 제대로 실천한다면 반드시 마음은 자유로워질 것입니다.

한 걸음씩 밝은 방향을 향해 나아가 봅시다.

세상의 '독'에
물들지 않는다

업과 관련해서 또 하나 중요한 이야기를 함께 나눠보겠습니다. 이 세상을 움직이게 만드는 '거대한 업'에 관해서입니다.

업은 한 사람의 과제에 머물지 않고 이 사회, 더 크게 보면 인간이라는 존재 자체가 직면한 과제이기도 합니다. 왜냐하면 이 세상에 사는 인간은 모두 마음을 가지고 있기 때문입니다. 그 마음에 업이 있고 그 업이 반응을 휘몰고 와 결과적으로 탐욕, 분노, 망상, 그리고 만을 만들어내고 있는 것입니다.

이 세상을 움직이는 정치, 경제, 법률부터 나아가 문화, 가치

관, 생활 습관까지 모든 것은 마음에서 비롯됩니다. 마음이 이 세상을 움직입니다. 그렇다면 이 세상을 움직이게 만드는 것은 '인간의 마음에 깃든 업'이라고도 생각할 수 있지 않을까요?

인류가 떠안고 있는 업을 한번 생각해봅시다. 하나는 '탐욕'입니다. 지나친 이익과 권력을 바라는 마음의 움직임입니다. 생각해보면 빈곤과 빈부격차는 일부 인간의 탐욕으로 인해 부의 재분배가 이루어지지 않아 생긴 일입니다. 현재 1년 동안 만들어지는 전 세계 부의 80퍼센트 이상을 전체 인구의 1퍼센트도 채 되지 않는 부유층이 독점하고 있는 현상은, 탐욕이 초래한 세계의 왜곡이라고 할 수 있습니다.

현재 국가 간의 관계도 분열을 심화시키는 쪽으로만 기울고 있는데, 이 역시 일부 지도자들의 끝없는 지배욕에 의해 야기된 부분이 큽니다. 경제 또한 앞으로 점점 탐욕에 지배되어 갈 위험이 있습니다. 인공지능과 기타 혁신 기술은 제일 먼저 자본가와 권력자의 탐욕에 기반해 사용될 것이기 때문입니다.

그렇다면 이로 인해 어떤 문제가 생길까요? 빈부격차는 확대되고 많은 사람이 소수자의 탐욕에 이용당하게 됩니다. 가치 없다며 무시당하거나 버려지는 사람들도 늘어나겠지요. **일부 사람은 풍족해도 사회 전체가 가진 불행의 총량은 늘어나는 것. 이것**

이 바로 탐욕이라는 업이 사회에 초래할 귀결입니다.

인류가 떠안고 있는 두 번째 업으로 '분노'를 살펴봅시다. 분노는 괴로움을 강요당할 때 생겨납니다. 전쟁, 차별, 폭력 등으로 인해 괴로움을 강요당하는 사람은 전 세계에 셀 수 없을 만큼 많이 존재하지요. 분노에는 원인이 있습니다. 그 원인을 극복하는 것이 올바른 방향성입니다. 불합리한 처사에는 목소리를 높이고, 사회의 방향성에 문제가 있다면 법률과 제도를 바꾸면 됩니다. 만약 자신의 마음이 분노를 만들어내고 있다면, 자신의 노력을 통해 분노를 극복해 나가야 합니다.

그러나 이런 노력을 방해하는 것이 있습니다. 바로 망상입니다. 상처받는 사람들의 고뇌보다 자신의 욕망을 우선에 놓으려고 합니다. 현 상황을 개선하기보다 자신에게 유리한 상황을 지키려고 합니다. 남을 부정하면서까지 자신이 가치 있는 존재라고 생각하고 싶어 합니다. 인간은 예로부터 '나는 이렇게 본다, 이렇게 생각한다, 이것을 믿는다'는 망상에 속박당해 왔습니다. 개인적인 오만과 차별의식뿐만 아니라 이데올로기, 종교, 인종, 민족, 역사, 국가와 같은 '망상'을 통해 자기를 정당화하고 남을 계속해서 부정해온 것입니다.

만은 망상과 표리일체입니다. 만에 사로잡힌 마음은 남을 괴롭히는 것을 대수롭지 않게 생각합니다. 자기가 생각하는 것은 모두 옳고, 이견은 인정할 수 없으며, 나쁜 현실에 대해서는 거 짓이네 속임수네 하며 배척하고 몰아세웁니다. 특히 요즘 시대 는 인터넷과 SNS처럼 만과 망상을 무제한으로 키울 수 있는 공 간이 많습니다. 물론 정보 공유와 교류 등 긍정적인 가치도 있겠 지만, 누군가의 만과 망상을 접해 마음이 독에 물들거나 독이 공 유되어 퍼져 나갈 위험성도 다분히 존재합니다.

인정욕구를 충족시키는 쾌감을 주는 만큼, 만은 쉽게 내려놓 을 수 없습니다. 이제는 개인의 내면에 머물지 않고 정치와 국제 관계, 사람들의 말과 행동까지도 만과 망상의 업에 뒤덮이고 있 다는 느낌마저 듭니다. 이 세상이 마음에 의해 만들어져 있다고 한다면, '마음 반응의 총량'이 세상의 또 다른 모습입니다. 개인 의 마음에 독이 늘어나고 있다면 이 세상 전체의 독도 확실히 늘 어나고 있는 셈입니다.

일찍이 붓다는 집착에 사로잡힌 사람들의 모습을 안타까워 하며 '괴로움을 극복하는 방법'을 전하기를 망설였다고 전해집 니다.

붓다는 생각했다. 어려움을 거처 내가 이해한 것을 사람들에게 전하는 것은 헛수고다.

이는 세간의 풍조를 거스르는 것이며, 정묘精妙하고도 너무나 심오하기에.

집착에 사로잡혀 일의 진상을 보지 못하는 사람에게는 분명 닿지 않을 것이다.

신은 말했다. 아아, 세상은 멸망하리라.

깨달은 자가 사람들에게 진실을 전하기를 망설이고 있으므로.

_전도전야傳道前夜, 《율장대품》

　분명 오늘날까지 인간은 탐욕과 분노와 망상과 만을 극복하지 못하고 있는 모습입니다. 그 결과 한 사람 한 사람의 마음에는 많은 괴로움이 머물고 이 세상 역시 수많은 위기와 문제를 해결하지 못하고 있습니다. 인간의 마음에 깊게 둥지를 튼 업이 시대를 초월해 점점 힘을 키우고 있는 것이 현실입니다.

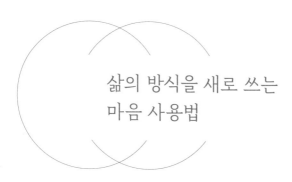

삶의 방식을 새로 쓰는
마음 사용법

그래도 우리는 이 세상을 살아가지 않으면 안 됩니다. 이 세상이 사람이 살아갈 수 있는 유일한 장소니까요. 계속 괴로워하는 삶은 답이 될 수 없습니다.

그렇다면 이런 세상에서 어떻게 살아가야 할지 스스로 답을 내놓아야 합니다. 자신에게 있어 진실은 무엇인지, 자신의 영역 안에 어떤 삶의 방식을 놓을 것인지를 말입니다. 우리는 어떻게 해야 괴로움 없이 바깥 세계의 독에 물들지 않고 '이것이야말로 내 삶의 방식'이라고 말할 수 있는 수준에 이르게 될까요?

그 답이 될 수 있는 방법이 이 책에서 알려드린 붓다의 가르침, 즉 붓다가 전한 '마음 사용법'입니다. 그 요점을 체계적으로 정리해봅시다.

마음의 굴레로부터 자유로워지기

먼저 사람이 떠안는 고뇌의 원인은 크게 세 가지로 나눌 수 있습니다.

① 반응: 외부 자극을 접해 마음이 움직이는 것. 이른바 '마음의 누출'

② 집착: 한 번 생겨난 반응이 결생해 마음 상태로 지속되는 것

③ 업: 똑같은 반응을 반복하게끔 마음속에서 작동되는 힘

이 세 가지를 극복해 나가는 것이 우리 한 사람 한 사람의 과제입니다. 즉, 이해해서 누출을 줄여 나가는 것, 뛰어넘는 것, 인생을 고뇌에 옭아매어 언제까지고 풀어주지 않는 '마음의 굴레'로부터 자유로워지는 것입니다. 그것을 지향하는 것이 바로 붓

다가 추천한 삶의 방식입니다.

그러나 대개 많은 사람들이 정반대의 방향으로 가고 맙니다. 계속 더 바라고 계속 더 반응합니다. 거기에 답이 있다고 굳게 믿어 남에게 기대하고, 실망하고, 화를 내고, 그럼에도 계속 바라는 삶의 방식을 포기하려 하지 않습니다. 하지만 그 결과는 어땠습니까? 마음은 채워지지 않았지요. 오히려 많은 괴로움만 짊어지고 말았습니다. 마음의 갈증은 줄어들지 않고 오히려 더 늘어나기만 했지요.

이런 현 상황을 깨닫는다면 우리가 지향해야 할 방향은 완전히 정반대라는 것을 알 수 있습니다. 과감하게 눈을 감으세요. 자신의 마음과 바깥 세계를 확실하게 구별하세요. 자기 자신의 영역 안에 '인생 최고의 가치'라고 생각되는 것을 찾아내세요.

그런 무엇보다 소중한 가치를 가리켜 붓다는 '담마'Dhamma 라고 불렀습니다. 담마는 자신이 생각하는 진실, 틀림없다고 생각되는 삶의 방식, 어떤 형태로든 괴로움을 떠안았을 때 떠올려야 할 마음의 의지처 등 여러 가지 표현으로 치환할 수 있습니다. 모든 의미를 포함해서 말하자면 담마란 '일체의 고뇌를 뛰어넘는 방법'을 뜻합니다.

담마를 기뻐하고 즐거워하며 항상 생각하고 잊지 않는 자는

올바른 마음 사용법에 입각하니 타락할 일이 없다.

_도를 따르는 자에 관하여, 《법구경》

아난다여, 스스로를 의지처로 삼고 담마를 의지처로 삼아라.

그 이외의 그 어떤 것에도, 즉 사람에게도, 그 의도나 말에도 의지

할 필요는 없다.

_제자 아난다에 전한 임종 직전의 말, 《장아함경》

방향성을 지니는 것이 최고의 보배다.

실천에 근거한 확신이야말로 최고의 행복이다.

진실이야말로 최고의 미식美食이다.

지혜에 따라 살아가는 것이야말로 최고의 인생이다.

_'뱀'의 장, 《경집》

평정심을
삶의 기본으로 삼는다

붓다가 설명한 '담마', 즉 괴로움을 뛰어넘는 방법에는 몇 가지 본질이 있습니다. 꼽아보면 다음과 같습니다.

- 평정심: 반응에 휘둘리지 않는 안정된 정신 상태
- 올바른 이해: 있는 것을 있다고 인식하는 데서 멈추는 것. 반응하지 않고 해석하지 않는다.
- 올바른 사고: 올바른 방향으로 나아가기 위해 효과적인 방법을 생각한다.

- 자비의 생각: 상대방의 행복과 발전을 바라는 마음. 남의 아픔을 배려하는 마음

스트레스와 잡념을 초기화시키는 평정심

가장 먼저 평정심에 대해 설명할 필요가 있습니다. 평정심은 쾌나 불쾌의 감정이 없는 안정된 정신 상태를 말합니다. 중심을 잃지 않는 상태라고 부를 수도 있겠습니다. 일반적으로 사람들은 반응하는 것, 즐거운 것, 사람에 따라서는 화내는 것조차 가치가 있다고 생각하는 모양입니다. 그러나 쾌든 불쾌든 간에 '반응'하기 시작하면 마음 상태는 달라집니다. 그 변화가 고뇌로 이어지는 원리는 이미 앞에서 이해했지요.

그러니 쾌나 불쾌가 아니라 한가운데인 평정심을 일상의 기본으로 삼아야 합니다. 평정심은 여러 가지 긍정적인 효과를 가져다줍니다. 예를 들면 다음과 같습니다.

- 사람과 상황을 정확하게 이해할 수 있다. → 올바른 이해를 가능하게 한다.

- 방향성과 방법을 파악할 수 있다.→올바른 사고를 가능하게 한다.
- 눈앞의 작업에 집중할 수 있다.→그 집중 상태를 지속할 수 있다.
- 기분 전환이 빨라진다.→집착을 빨리 내려놓을 수 있다.
- 깨끗한 마음을 가질 수 있다.→반응하지 않는 것이 마음을 지키는 최고의 방법임을 실감할 수 있다.

이런 효과는 모두 평정심에서 비롯됩니다. 예를 들면 마주하는 대상이 사람이든 업무든 책이나 시험 문제든 간에, 가장 먼저 필요한 작업은 '이해하는' 일입니다. 그리고 최대한의 이해를 가능하도록 돕는 것이 평정심입니다. 무엇을 어떻게 해야 문제를 해결할 수 있을지, 어떻게 판단해야 할지, 정확한 사고는 평정 상태라야 비로소 가능합니다. 반응하기만 하는 얼룩진 마음으로는 올바른 생각을 할 수 없습니다. 일정한 성과를 내려면 무슨 일이든 집중과 지속력이 필요한데, 이를 쉽게 만들어주는 것이 바로 평정심입니다.

평정심으로 마음을 능숙하게 되돌릴 수 있다면 스트레스와 잡념을 재빨리 초기화할 수 있습니다. 모드 전환이 잘 되는 셈이지요. 이런 다채로운 효과를 얻기 위해 사티를 실천합니다. 눈을 감고 복부와 코끝의 호흡을 봅니다. 발바닥을 느끼면서 걷습니다. 감정이나 생각 등 다른 '감각'에 의식을 향함으로써 마음을 평정으로 바꿔 가는 것입니다.

'평정심을 유지한 상태가 가장 기분 좋고 가치 있다'는 생각이 들었다면 인생이 달라질 기회가 찾아온 것입니다. 반응만 해오던 삶에서 중심을 잃지 않는 안정된 삶으로 많은 새로운 가능성이 열리게 되는 것입니다.

> 자신의 영역에 머무르며 자기 마음을 제어하는 사람은 적다.
>
> 올바른 사람은 늘 사티로써 마주하고 집착 없는 경지에 서서
>
> 현실의 세상을 중립심으로 살아간다.
>
> _〈잡아함경〉

지혜가 열린 마음에는
괴로움이 생기지 않는다

평정심의 토대 위에 자라나는 것이 바로 '올바른 이해'입니다.

올바른 이해란 있는 것을 있고, 없는 것을 없다고 정확하게(있는 그대로) 아는 것이지요. 이는 반응하기를 너무 좋아하는 인간에게 가장 얻기 어려운 마음의 능력입니다. 그렇지만 '반응'의 대척점에 위치하기에 모든 괴로움을 해소할 가능성을 내포합니다. 이 이해하는 힘을 키우는 연습이 라벨링과 사티였습니다. 책 전반부에서 소개한 다양한 기술은 이해하는 힘을 키우는 방법으로써 모두 연결되어 있습니다.

이해하는 마음은 괴롭지 않다

―――――――

올바른 이해는 마음의 얼룩을 제거해 깨끗하게 만들어가는 최강의 힘입니다. 사실 이해는 불교에서만 쓰이는 방법론이 아닙니다. 의학이든 과학이든 현실을 바꾸는 힘을 지닌 학문들 역시 '이해'라는 방법론을 사용하고 있지요. 원인과 구조를 규명하고 그 이해에 기반해 방법을 고안해내는 것. 그 방법을 가지고 현실을 바꿔나가는 것. 인류 역사상의 갖가지 문제를 해결해온 최강의 지성은 바로 '이해하는 힘'입니다.

마음의 괴로움도 이해로부터 그 해결의 실마리가 생깁니다. 이 괴로움의 원인이 무엇인지, 즉 반응인지 집착인지 더욱 뿌리 깊은 업인지 그 원인을 이해할 수 있다면 지금 해야 할 일이 무엇인지 그 방법도 보이게 됩니다.

일상생활에서 마주치는 괴로움도 마찬가지입니다. 자극이 반응으로 흘러가지 않도록 가장 먼저 이해를 출발점으로 삼아야 합니다. '이 상황에서는 무엇을 이해해야 할까?', '무엇을 지향해야 할까?', '해결 방법은 무엇일까?' 모두 이해하려는 노력에 해당합니다.

모든 것을 내다볼 수 있게 될 때, 잘 이해하게 되었을 때 마음

은 고뇌로부터 빠져나옵니다. **과제는 남아 있을지언정 고뇌는 이미 존재하지 않습니다.** '이해하는 마음은 괴롭지 않다'라고 꼭 기억해둡시다.

올바른 사고로 돌파하라

올바른 이해 위에 성립하는 것이 바로 '올바른 사고'입니다. 이는 단순히 '나는 이렇게 생각한다'라는 의미가 아닙니다. ① 방향성을 보고 ② 방법을 생각하고 ③ 행동에 옮긴다는 질서 있는 사고를 의미합니다.

사람은 무심코 자기 생각으로 머릿속을 가득 채우기 쉽습니다. '나는 이렇게 생각한다', '이렇게 하고 싶다', '이게 옳다' 일단 그런 생각이 솟아나면 다른 생각은 들어오지 못합니다. 그러나 사실 다음과 같은 점을 가장 먼저 생각해야 합니다.

이 인생의 방향성은 무엇일까?

이 관계의 방향성은 무엇일까?

이 사회가 지향해야 할 방향성은 무엇일까?

그러면 '지금 하고 있는 생각과 행동은 방향성에 비추어 올바른가?' 하고 자문하게 됩니다. 문제가 생겼을 때도 동요하지 않고 '무엇이 올바른 방향성인가?'를 가장 먼저 생각할 수 있습니다. 무심코 자신을 탓하고 싶어졌을 때, 남을 부정하고 싶어졌을 때도 '이것은 좋은 방향성으로 이어지지 않는다. 이렇게 해서는 안 된다'며 깨달을 수 있게 됩니다.

방향성을 가장 먼저 살펴볼 수 있을 때 반응하고 싶은 마음에 좌우되지 않는 대국적인 사고가 가능해지는 법입니다.

나와 남의 행복을 모두 바라는 자비심

———

방향성 중 하나로 들 수 있는 것이 '자비심'입니다. **'자'慈란 남이 행복할 수 있기를 바라는 마음이며, '비심'悲心이란 남의 슬픔과 아픔을 제대로 살피려는 마음가짐입니다.** 단어 자체는 약간 불교적일 수 있지만, 이 방향성을 잃어버린다면 이 세상 모두 종말을 맞이할지도 모릅니다.

우리 앞에는 자비와는 거리가 먼 현실이 펼쳐져 있습니다. 그러나 그런 세상에 마음을 누출시키기만 해서는 필시 아무것도 시작되지 않겠지요. 자비심은 종교도 도덕도 아닙니다. 최고의 삶을 가능하게 하는 합리적인 마음 사용법입니다.

> 도를 따르는 자에게 있어 풍족함이란 무엇인가.
>
> 자慈와 비심悲心과 남의 기쁨에 대한 공감과
>
> 내려놓는 마음(중립심)에 서서 이 세상을 마주하는 것.
>
> 이것이 인생에 있어 최상의 풍족함이다.
>
> _〈중아함경〉

불교에서는 올바른 이해와 올바른 사고를 아울러 '지혜'라고 부릅니다. 지혜가 열린 마음에 괴로움은 생기지 않습니다. 올바른 이해에 따라 모든 것을 있는 그대로 바라보며 고뇌를 만들어내는 원인과 해결 방법을 이해합니다. 새로운 문제에 관해서는 올바른 사고에 따라 답을 냅니다. 아직 답이 보이지 않는다면 '분명 답은 있다'는 믿음을 갖고 괴로움에 사로잡히지 않도록 마음을 사용해 지금 현재를 살아가세요.

이런 삶을 가능하게 하는 것이 바로 부디즘입니다. 망상에 의지하지 않고 누군가를 괴롭게 만들 일도 없는, 철저히 합리적이면서도 세련된 '괴로움을 뛰어넘는 방법'입니다.

자비

올바른 사고

올바른 이해

평정심

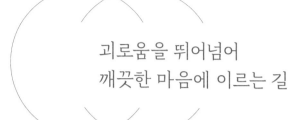

괴로움을 뛰어넘어
깨끗한 마음에 이르는 길

붓다의 지혜를 활용해서 '인생에서 가장 가치 있는 것은 무엇인가?'에 대한 답을 단번에 내보기로 합시다.

인간의 마음이 향하는 방향은 대개 정해져 있습니다. 탐욕과 분노와 만과 망상. 그 한정된 방향으로 흘러가 괴로움에 다다르고 맙니다. 그러나 올바른 사고에 기반한다면 가장 먼저 방향성을 파악하고 '이 인생은 괴로워하기 위해 존재하는 것이 아니다' 라고 확실히 자각할 수 있습니다.

'나는 괴로움을 뛰어넘기 위해 살아가고 있다. 깨끗한 마음에

이르기 위해 살아가고 있다.' 이 결론을 매일매일 생각하며 되새기세요. 몇 번을 생각해도 틀림없다고 생각되는 자신의 방향성을 확인하는 것입니다. 그 반복적인 확인을 통해 여러분의 인생은 깨끗한 마음을 향해 가는 탄탄한 '길'이 될 수 있습니다.

그리고 확실한 '길'에 설 수 있다면 가치관은 근저에서부터 확 바뀝니다. 예를 들면 다음과 같은 삶에서 가치를 발견하게 됩니다.

- 올바른 방향성을 보고 있다. 타인의 행복 및 사회에 대한 공헌에 가치를 둔다.
- 지금 있는 자리에서 제 역할을 다한다.
- 제 역할을 다함으로써 삶의 양식을 얻는다. 그런 자신에게 만족을 얻는다.
- 탐욕, 분노, 망상과 만에서는 가치를 보지 않는다. 그런 반응에 사로잡히지 않는다.
- 문제가 생겼을 때는 올바른 이해와 사고에 따라 극복해 나간다.

사람에 따라 이런 가치를 발견하게 되는 시점은 다 다릅니다. 하지만 상관없습니다. 얼마나 긴 세월을 필요로 하든, 결국 이것들을 능가하는 가치는 없을 테니까요. 참고로 오랜 방랑을 거쳐 이런 가치를 확신하는 데 이르게 된 사람이 바로 저입니다. 붓다의 가르침을 깨닫고 위와 같은 가치관의 전환을 경험했을 때 들었던 생각은 '더 일찍 깨달았으면 좋았을 걸'이었습니다. 오랜 세월에 걸친 고뇌를 해소하기 위해 실로 먼 길을 돌아왔다는 사실을 조금은 허탈한 심정으로 실감했던 적이 있습니다.

세상 속에 있으면서도 세상에 물들지 않는 법

오늘날의 사회는 탐욕과 만이 강한 힘을 지니고 있습니다. 지나친 이익과 자기 과시에 가치를 두는 풍조가 강합니다. 그러나 그런 풍조도 자신에게 있어서는 망상 영역에 불과합니다. 바깥 세계에 자신을 맞춘들 자기 인생에 '이걸로 됐어'라는 만족을 얻을 수 있을까요? 우리는 지금까지 바깥 세계에 참 많이도 휘둘려왔습니다. 이제 그만 휘둘릴 때도 되지 않았나요?

애초에 바깥 세계에서 가치 있는 것과 자신에게 가치 있는 것은 완전히 별개입니다. 관계가 없습니다. 그러니 이제는 마음 안쪽에서 '이것이 내게는 최고의 가치'라고 생각되는 것을 찾아

냅시다. 그리고 세상 속에 있으면서도 세상에 물들지 않는, 자립적인 삶을 시작해봅시다.

> 도를 살아가는 자가 되어라. 올바른 방법을 실천하라.
> 그러면 이 세상에 '진실을 깨친 자'들이
> 끊임없이 나타나게 되리라(그때 세상은 바뀔 수 있으리라).
>
> _떠돌이 수행자 스밧다에게 전하는 말, 《장아함경》

집착이 왜 나쁘냐고 묻는 이들에게

마지막으로 한 가지 더, 흔히 하는 질문에 대한 답을 전할까 합니다. "집착이 왜 나쁜 것이냐, 집착하기 때문에 노력할 때도 있지 않나?"라는 물음입니다. 뭔가를 목표로 열심히 노력하는 사람이 흔히 품는 의문입니다.

부디즘은 애초에 답을 단정 짓지 않습니다. 어디까지나 '방법'을 제시할 뿐 선택은 본인에게 맡기는 것을 원칙으로 합니다. 다만 여기서 말할 수 있는 것은, 위 물음은 애초에 전제가 잘못되었다는 점입니다. 왜냐하면 붓다가 전한 '집착'이란 한 가지 반응이 지속되는 정신 상태를 뜻하는 것으로, '방향성을 지향해 올바른 방법을 실천하는' 것과는 의미가 다르기 때문입니다.

흔들림 없는 방향성을 지니는 것을 불교에서는 '믿음信을 갖는다'고 표현합니다. **자신의 방향성을 확인하고 올바른 방법을 계속 실천하는 것은 올바른 삶입니다. 가지지 못한 것에 집착하고 괴로워하는 것은 비합리적인 삶입니다.** 따라서 "집착은 하면 안 되는 건가?"라는 물음에는 "당신은 집착을 어떤 의미로 사용하고 있습니까?"라고 되묻지 않을 수 없습니다.

사실 올바른 사고를 깨닫기 전까지는 이 두 가지 삶의 차이를 구별할 수 없습니다. 대부분의 사람들이 반응에서 시작해 집착으로 이어지는 마음의 움직임으로 흘러가기 때문입니다. 그렇게 후자인 비합리적 삶을 선택하기 쉽습니다. 그러다 보면 결국 그저 욕망(망상을 원하는 정신 상태)에 빠져 있게 됩니다. '갖고 싶다', '반드시 얻어야 한다'고 굳게 믿고 '그렇지 않으면 내 인생은 가치가 없다'는 생각으로까지 치닫습니다.

그러면 괴로움이 생겨납니다. 마음에 갈증이 납니다. 초조함이 생깁니다. 즐겁지 않습니다. 불안감이 커집니다. 잘나가는 사람들에게 질투와 시샘을 느끼고 맙니다. '이걸 얻지 못하면 내 인생은 의미가 없다' 같은 모 아니면 도라는 식의 사고에 빠진 사람도 있습니다. 왜 이런 심정이 되고 마는 것일까요? 하나는 집착이라는 마음 상태를 깨닫지 못했기 때문에, 그리고 무엇보다 '올바른 사고'를 몰랐기 때문입니다.

집착 자체가 나쁘다는 말은 아닙니다. 집착으로 더더욱 끈질기게 버티면서 앞으로 나아가기도 합니다. 한계를 뛰어넘는 성장은 집착이 있어야 비로소 가능한 법이지요. 붓다 자신도 '괴로움으로부터의 해방'이라는 목표를 향해서는 그 누구보다도 집착했습니다. 옳은 방향성을 향해서라면 얼마든지 집착해도 좋습니다.

이 몸에 흐르는 피는 마르라, 살은 없어지라.

그렇다면 마음은 맑게 개어 깨달음과 지혜와 집중은 한층 더 강고해지리니.

궁극의 깨달음(최고의 이해)을 얻기까지는 이 굳게 튼 가부좌를 풀지 않겠다.

_깨달음을 얻기 전, 《경집》

괴로움은 올바른 사고로 뛰어넘는다

뭔가를 얻으려는 집착이 괴로움으로 바뀌기 시작한다면 그때가 가장 중요한 순간입니다. 요컨대 올바른 이해와 올바른 사고로 돌아올 수 있느냐에 따라 괴로움이 더해질지, 괴로움에서 벗어날지가 결정됩니다.

먼저 이해하세요. 아직 갖고 있지 않은 것은 망상에 불과합니다. '뭔가를 바라서 괴로워하고 있다'란 망상에 집착해 괴로워하고 있다는 뜻입니다. 그저 망상 아닌가요? 원래 없었던 것 아닌가요? 그러니 '올바른 사고'로 전환하세요. ① 나의 집착 상태를 자각하고 내려놓는다 ② 방향성은 무엇인가? 어떤 모습이 내가 바라는 최선인가? ③ 지금 무엇을 할 수 있는가? 이 손을 사용해서 할 수 있는 일은 무엇인가? 이 세 단계에 따라 사고를 전환해봅시다.

이렇게 생각을 진행시키면 '지금'이라는 시간 속에 답이 있다는 사실이 보입니다. 지금 이룰 수 있는 것만이 진실입니다. 지금 할 수 있는 일에서 만족을 얻는 것이 기본입니다.

이런 태도를 유지하다 보면 '지금'을 살아가는 자신으로 달라질 것입니다. **미래는 지금의 축적입니다. 지금에 집중해서 마음**

의 평온를 얻는 것. 평온을 지속하기 위해 마음을 사용하는 것. 그런 발상의 전환을 통해 '지금 이 삶이 올바른 방향이다'라는 확신도 생겨날 것입니다.

과거를 질질 끌어 고뇌하지 말라.

미래를 그리며 조급해하지 말라.

지금 이룰 수 있는 것을 마음을 다해 이루는 데 전념하라.

마음에 쓸데없는 것이 없으니 안색이 좋다.

정반대로 행동하는 자의 안색은 밝지 않다. 잘려나간 갈대처럼 시들어 있다.

_'숲에 살면서'의 절, 《잡아함경》

인생의 완성은
'지금'의 행복에 있다

'지금'이라는 시간 속에서 행복을 얻는 것. 이것이야말로 틀림없는 최고의 삶입니다. 이런 삶이 가능하다면 돈이나 물건이나 남의 시선 등 바깥 세계에서 행복의 근거를 찾을 필요가 없어지기 때문입니다.

대신에 먹고 자고, 누군가를 만나고, 누군가의 기쁨과 노력하는 모습에 공감하고, 주어진 자리에서 제 역할을 다하고, 매일매일의 날씨와 계절의 변화를 느끼는 지극히 평범한 일상에서 쾌를 얻을 수 있게 됩니다. 이렇게 '마음 사용법'을 조금 바꾸기만 해도 바깥 세계에 휘둘리지 않는 완전히 독립된 나만의 행복을 느낄 수 있습니다.

예전의 삶이 매일 결핍을 느끼며 뭔가를 계속 바라왔다면 지금은 주어진 매일매일 속에서 만족을 찾아낼 수 있습니다. '지금' 자체가 행복인 것이죠. 그런 마음이 될 수 있다면 인생은 괴로움이 없는 깨끗한 마음, 곧 '완성'에 이른 것입니다. '나는 삶의 방식을 찾았다. 이제 계속 이런 인생을 살아가겠다.' 그런 깨달음의 경지에 도달할 수 있게 되는 것입니다.

> 뛰어난 사람은 높은 세속적 지위에 있는 사람이 아니다.
> 믿음을 갖고 마음을 누출시키지 않으며 괴로움을 뛰어넘은 자가 가장 뛰어난 사람이다.
>
> _왕족이란 무엇인가, 《잡아함경》

마음을 씻어내는
길 위에 선 당신에게

지금까지의 여정을 떠올려봅시다. 시작에는 계속 타오르는 마음
이 있었습니다. 그을음과 재로 얼룩진 마음이 있었습니다. 그러
나 여러 가지 마음을 씻는 기술을 배웠고 얼룩지지 않은 투명한
마음이란 무엇인지가 점차 보이게 되었습니다.

 그 마음속에 있는 것. 그것은 평정심이고, 올바른 이해와 올바
른 사고이며, 자비의 마음가짐이었습니다. 이런 가치들을 깨달
음으로써 일상이 확 달라질 가능성을 깨달았습니다. 인생마저도
달라질 수 있다는 희망도 보이게 되었습니다.

그 결과 '깨끗한 마음'에 다다릅니다. 그 마음의 경지에는 이제 괴로움도 고민도 망설임도 없습니다. 마음의 갈증도 후회도 미련도 불안도 무엇 하나 없습니다. '오늘, 이 날을 좋은 마음으로 지내면 된다'는 평온한 기쁨이 가슴속에 깃들게 됩니다.

지금까지 함께 살펴본 '마음을 씻는 기술'은 그런 깨끗함의 경지에 이르기 위한 길이었습니다.

마음을 씻기 위해 올바른 이해와 사고를 얻어야 한다.

청정하게 해방된 마음이야말로 인생에서 맛볼 수 있는 최고의 행복이다.

_떠돌이 수행자 풋타파다에게 전하는 교시, 《장아함경》

재산과 용모 등 형태가 있는 것은 바뀌는 법이다.

다만 '도'만은 자기 마음먹기에 달려 있다.

도를 실천하는 자는 마음을 괴로움에 빼앗기는 일이 없다.

_유녀였다가 비구니가 된 암바팔리에게 전하는 격려, 《대반열반경》大般涅槃經

길은 걸어가기 위해 존재합니다. 인생은 살아가기 위해 존재하는 것이지요. 어려움을 극복하는 방법이 반드시 있는 이상, 도중에 포기할 필요는 없습니다. 언젠가 그 방법을 마주하게 될 때를 기다리며, 일단 지금 이 날에서 가치를 찾아낼 수 있게끔 마음 사용법을 정리해두세요.

'깨끗한 마음'은 인생의 최종 목표임과 동시에 이 자리, 이 한때 얻을 수 있는 최고의 가치이기도 합니다. 따라서 이렇게 합시다. **먼저 마음을 씻는 기술을 하나둘씩 지금 시작해주세요. 마음이 약간 얼룩졌다고 느껴질 때는 '이제부터는 깨끗한 마음으로 가자'고 다시 생각해주세요.**

매일매일 새로운 하루처럼 우리의 인생도 새롭게 달라질 수 있습니다. '마음을 씻어내자'라고 결심하면 그 가능성은 언제든 열릴 수 있습니다. 그러니 항상 희망을 가지세요. '살아서 좋았다', '이런 하루는 살 만하구나' 그렇게 생각할 수 있도록 말입니다.

우리 함께 계속 걸어가 보지 않겠습니까?